民國文化與文學_{研究文叢}

研究文叢

三 編

李 怡 主編

第 8 冊

民歌與國學
——民國早期「歌謠運動」的回顧與思考

徐 新 建 著

國家圖書館出版品預行編目資料

民歌與國學——民國早期「歌謠運動」的回顧與思考／徐新建
著 -- 初版 -- 新北市：花木蘭文化出版社，2014〔民103〕
目 2+172 面；19×26 公分
（民國文化與文學研究文叢 三編：第 8 冊）
ISBN 978-986-322-780-9（精裝）
1.歌謠 2.民間文學 3.文學評論
541.26208   103012747

特邀編委（以姓氏筆畫為序）：

ISBN-978-986-322-780-9

丁　帆	王德威	宋如珊
岩佐昌暲	奚　密	張中良
張堂錡	張福貴	須文蔚
馮　鐵	劉秀美	

9 789863 227809

民國文化與文學研究文叢
三 編 第八 冊   ISBN：978-986-322-780-9

民歌與國學
——民國早期「歌謠運動」的回顧與思考

作　　者　徐新建
主　　編　李　怡
企　　劃　四川大學現代中國文化與文學研究中心
　　　　　民國文學與海外漢學研究中心（籌）
　　　　　北京師範大學民國歷史文化與文學研究中心
總 編 輯　杜潔祥
副總編輯　楊嘉樂
編　　輯　許郁翎
出　　版　花木蘭文化出版社
社　　長　高小娟
聯絡地址　235 新北市中和區中安街七二號十三樓
　　　　　電話：02-2923-1455／傳真：02-2923-1452
網　　址　http://www.huamulan.tw 信箱 hml 810518@gmail.com
印　　刷　普羅文化出版廣告事業
初　　版　2014 年 9 月
定　　價　三編 20 冊（精裝）新台幣 35,000 元

民歌與國學
——民國早期「歌謠運動」的回顧與思考

徐新建　著

作者簡介

　　徐新建，文學博士，四川大學教授，博士生導師，「文學與人類學研究所」所長，兼任中國比較文學學會副秘書長、中國多民族文學研究會會長、中國文學人類學研究會副會長，哈佛大學、劍橋大學、悉尼大學訪問學者。主要從事文學人類學及多民族文化的比較研究。擔任過「西南研究書系」叢書副主編、「中國民族文化走廊叢書」主編，出版專著《西南研究論》（1993）、《從文化到文學》（1992）、《中國酒文化研究》（1993）和《苗疆考察記》（1997）、《西南行走錄》（2004）、《民歌與國學》（2006）、《全球語境與地方認同》、《橫斷走廊：高原山地的生態和族群》（2008）、《侗歌民俗研究》（2011）。

　　曾獲第七屆莊重文文學獎（1994）、第四屆全國少數民族文學獎、教育部人文社科優秀成果獎（2009）、中國出版政府獎提名獎（2011）。

提　　要

　　20 世紀後期以來，對於全球化背景下的文化問題，學界出現了多種闡發。本書從民國早期的「歌謠運動」入手，重新梳理和辨析近代以來中國社會官、士、民各層在對待民間俗傳統上的不同立場和文化原因，並由此回顧和反思自那以來「中西交往」的因果關聯。

　　本書九章。首章論述歌謠運動從發起徵集到併入國學的基本脈絡。第二章與第三章集中討論民國時期知識界發起歌謠運動的緣由以及相關的歷史背景。第四章揭示知識界如何通過從文藝到學術的「民間轉向」，投身於國民塑造與國史建構之中。第五和第六章分別論述同一時期音樂、民俗和人類學界對歌謠運動的參與，力圖較爲全面地認識那個時代「民歌研究」的整體面貌。第七章將歌謠運動中的「官方傳統」與「學界傳統」進行比照。第八章從中外互動的角度，分析「東洋」、「西洋」如何同樣參與到中國學界近代以來的「民間轉向」之中。第九章以朱自清爲個案，試圖再從微觀的層面追溯已經逝去的歌謠運動「背影」。

　　簡而論之，全文討論的是四個相互聯繫的關鍵詞，即：民、國、歌、學；既論述「民歌」、「國學」，又綜觀「民國歌學」。

目次

緒　論

　　20世紀後期以來，中國的文學研究出現了兩個相互關聯的變化，一是「跨文化研究」的提出〔註1〕，一是「比較詩學」的凸顯〔註2〕。如果說前一方面可謂「西方中心」已近終結之體現的話，後一方面應視爲從「國別文學」的表象向「文化本原」的縱深拓展。這裡的「文化」，既與民族國家的個性相關，也同人類精神的共性相連。而「本原」的意義，也一方面包括了抽象內在的玄思，同時又直面著現實人生的來源。

　　於是，面對全球政治文化新秩序的重建，中國學界再次面臨的一個雙重交錯問題是：怎樣確立自己的文化之本，如何參與建構多元兼容的世界？在比較文學和跨文化研究的方面，則表現爲還要不要開展進一步的文學交往，能否將進行眞正的詩學對話？

　　對於這些重大問題，學術界出現了的各式各樣的闡發，並且多圍繞理論研討及現實意義的層面展開。其中既有對本土文論「失語」的警示〔註3〕，也有對中國文化將成爲二十一世紀主導的達觀〔註4〕，以及對未來「和而不同」格局的倡導〔註5〕……

〔註1〕　（荷蘭）佛克瑪（D.Fokkema）：〈東方和西方：文化的多元化標準〉，沈小茵譯，《中外文化與文論》，創刊號，四川大學出版社，1996年，頁94～96。
〔註2〕　厄爾・邁納（Earl Miner）：《比較詩學》（Comparative Poetics: An Intercultural Essay on Theories of Literature.），中譯本，王宇根等譯，中央編譯出版社，1998年。葉維廉：《比較詩學》，臺灣東大圖書有限公司，1983年。
〔註3〕　曹順慶：〈文論失語症與文化病態〉，《文藝爭鳴》，1996年第2期。
〔註4〕　季羨林：〈東方文化集成・總序〉，《東西方文化議論集》，季羨林主編，經濟日報出版社，1997年。
〔註5〕　樂黛雲：〈文化相對主義與「和而不同」原則〉，《中國比較文學》，上海，1996

本書打算轉換一下研討的角度，單從民國早期的「歌謠運動」入手，重新梳理近代以來中國社會官、士、民各層在對待民間俗傳統上的不同立場和文化原因，同時也對中國文論和詩學演變的過程加以辨析，並由此回顧和反思自那以來「中西交往」的因果關聯。

提到近代中國的演變，往往就離不開談西方的影響。近來的一種說法是，「西方影響論」的泛濫，傷害了對中國自身原創的洞見〔註6〕。這是有道理的。「影響」一詞，本來就很含混：誰影響誰？怎樣、如何、爲何影響？影響什麼？何以爲證？都不易說清。既說不清，不如分頭說起，既討論輸出與傳播，也評述接受和引進，不僅關注交往雙方，也不忽略彼此的連接中介。並且，從近代中國所承繼的自身脈絡來看，西方的進入只是一個外在的側面。要想辨明傳統文化的現代走向，還得回到以民國社會爲主體的本土探尋。

爲什麼選擇「歌謠運動」爲對象？因爲「歌謠」廣泛進入民國學界的上層視野，集中反映了中國文論的歷史轉向，而「運動」的含義，進一步體現出近代中國從學界到官方、從精英到民眾以及從知識到實踐各個層面的社會風雲。隨著古今中西的上下錯綜，知識界逐漸形成了有關文學的新共識：詩的產生源於「歌」，文學的正統本於「民」，而使傳統形成和推動社會的力量則在「學」。於是，「歌謠運動」的發起和展開，便演化爲由「民歌」向「國學」的提升與歸併。而民、歌、國、學的相分相合，最終導致的結果則是一方面有待完成，另一方面已交融了古今中西的「民國歌學」。

雖然「民歌」本身指涉的是民眾文化和民間文學，本應以對「民」和「歌」的考察討論爲主，但由於本書關注的是作爲「運動」的民國歌學，故只把焦點對準參與發起到組織此項運動的「新知識界」，以及其有關民眾歌謠的「學」與「思」、「言」和「行」。

民國時期的「歌謠運動」內容很多，難以面面俱到。本書只就其中三個層面來討論，即採集－宣傳、研究－致用、模仿－新作。其中既關聯文人發動和學界參與，也涉及官方舉措與國家行爲。

近來的相關討論，已有了不少成果。大體說來，主要包括三個方面。

首先的一類，是把民國時期的歌謠運動總結爲「目光向下的革命」，探討

年第 1 期。湯一介：〈文化的多元共處──「和而不同」的價值資源〉，《跨文化對話》，創刊號，上海文化出版社，1998 年。

〔註6〕 陳思和：〈20 世紀中外文學關係研究中的「世界性因素」的幾點思考〉，《中國比較文學》，上海外語教育出版社，2001 年第 3 期，頁 8～39。

當時知識分子普遍響應中的「民間轉向」問題。較爲突出的論著有趙世瑜的
《眼光向下的革命：中國現代民俗學思想史論》〔註7〕、洪長泰的《到民間去：
1918～1937年的中國知識分子與民間文學運動》〔註8〕以及李孝悌的《清末的
下層社會啓蒙運動：1901～1911》〔註9〕和呂微的《現代性論爭中的民間文學》
〔註10〕等等。這些論述都對晚清至民國知識界與民眾結合的現象提出了各有
創見的看法。

　　其次的一類，是從文藝學、民俗學與人類學角度，總結歌謠民俗對文學
研究及族群分析的幫助與拓展。其中的代表性成果，有鍾敬文的《民俗文化
學：梗概與興起》、〔註11〕李亦園的《民間文學的人類學研究》〔註12〕和董曉
萍的《民間文學體裁學的學術史》〔註13〕以及段寶林的《紀念北大徵集歌謠
八十週年》〔註14〕和葉舒憲的《文學人類學探索》〔註15〕等等。此類研討，
上承「新文化運動」以來對歌謠民俗的相關論述，下啓當代傳人在學科建構
上的理論開拓，具有左右打通、繼往開來的聯結意義。

　　最後，回到文學交往和詩學比較，還值得關注的一類，是建立在近代中
西交織與官民互動的「遺產」基礎上，對文論傳統的本土尋根和詩學還原。
此類論著同樣很多，其中還包括較爲尖銳的論爭和對話。比如余虹的《中國
文論與西方詩學》〔註16〕。該書發表後，就因對中國究竟有沒有「西學本
義上的詩學」存在提出質疑而引發了一系列探討〔註17〕。不過出於與本書
所要著重論述的內容相關，有必要對涉及歌謠、文論的部分稍加提及。作爲

〔註7〕　趙世瑜：《眼光向下的革命：中國現代民俗學思想史論》，北京師範大學出版
　　　　　社，1999年。
〔註8〕　〔美〕洪長泰：《到民間去：1918～1937年的中國知識分子與民間文學運動》，
　　　　　中譯本，董曉萍譯，上海文藝出版社，1993年。
〔註9〕　李孝悌：《清末的下層社會啓蒙運動：1901～1911》，河北教育出版社，2001年。
〔註10〕呂微：〈現代性論爭中的民間文學〉，《文學評論》2000年第2期，頁124～134。
〔註11〕鍾敬文：《民俗文化學梗概與興起》，中華書局，1996年。
〔註12〕李亦園：〈民間文學的人類學研究〉，《民族藝術》，1998第2期。
〔註13〕董曉萍的〈民間文學體裁學的學術史〉，《北京師範大學學報》，1999年第6期，
　　　　　頁20～26。
〔註14〕段寶林的〈紀念北大徵集歌謠八十週年〉，《民間文學論壇》，1998年第2期，
　　　　　頁6～10。
〔註15〕葉舒憲：《文學人類學探索》，廣西師範大學出版社，1998年。
〔註16〕余虹：《中國文論與西方詩學》，三聯書店，1999年。
〔註17〕徐新建：〈比較詩學：誰是「中介者」〉，《中國比較文學》，2001年第4期，頁
　　　　　15～29。

簡單的背景介紹,這裡僅以曹順慶的《中外比較文論史》爲例。曹著認爲,近代以後,在「西方中心論」偏見下,中國自身的文論傳統受到了不正常的擠壓和忽略,於是在觀照中西、溯本求源的努力中,提出了總體文論(General Literary theory)的多元重建。接下來,其對中國文論溯本求源的結果,是回到了蘊涵在古代風、雅、頌當中的本土起點。那就是:「詩」起源於「歌」、「文」受制於「論」。具體來說,《詩經》所謂「矢詩不多,維以遂歌」、「夫也不良,歌以訊止」等唱辭,表達出以「美刺」爲代表的文藝功用觀;《左傳》當中「觀於周樂」與「審音知政」等言論,則體現了觀風、理政的詩教原理。這一萌芽於先秦的文論思想,傳承到劉勰的《文心雕龍》,便產生出溝通官民、文以載道的文論體系,曰:「歌謠文理,與世推移,風動於上,而波震於下者」。對此,曹順慶的評說是:我們切不可忽視這些自古長出的文論萌芽,它們往往是後世參天大樹的發端,或者說是世界文學批評這條漫漫長河初源:

> 追本溯源,我們往往發現這些早期文學觀念的閃閃發光之處;順流而下,我們更可以看到後世文學理論所受到的巨大的,有時甚至是決定性的深遠影響。〔註18〕

如果說這是詩學溯源上極有必要的「從古到今」的話,本書的努力則將是以民國歌學爲中介的「由今及古」。並且筆者的意圖也既不是再度地回到精英,亦非單一的「目光向下」,而是力求在文史貫通和中西對應的基礎上,做到上下打通,雅俗關聯。在對象上,主要關注介於「官」和「民」之間的「士」──也就是晚清後逐步形成的所謂「新知識群」,或曰「智識階級」,關注他們在民國時期研討歌謠的原由和動機。在方法上,爲了既保持中立,又避免刻板,便嘗試著把「他們」視爲中國近代的特定群體,也就是像人類學以田野考察的方式進行的「族群」與「社區」研究一樣,把這個群體當作具有時代和本土共性的「學術部落」來考察述評。當然這只是一種假定。在很大程度上,這個所謂的群體──無論稱之爲「智識階級」、「新知識界」還是「學術部落」,作爲一個統一完整的階層,其實並不存在,而不過是當事人爲了利益需要和論述者爲了闡釋方便的說法而已。

遺憾的是,即便想做「學術部落」的田野描寫,由於材料的不足和當事人

〔註18〕曹順慶:〈中外文論史・引言〉,〈第一章:中外文論縱向發展的基本脈絡〉,《中外文論史》,山東教育出版社,1998年,頁1～40。

的消逝，第一手的現場觀察已無法進行，一切討論不得不借助這樣那樣的歷史記憶。什麼樣的「歷史記憶」呢？說到底，不過就是將以往參與者的「自我讚頌」同後世論者的「主觀遙想」組合成所謂「文獻敘事」罷了。於是，正如人類學界在對經典「民族志寫作」的反思中指出的那樣，所有的「他者」研究，無論從對象還是作者的角度看，都不可能做到完全的超然和客觀〔註19〕；既然如此，還不如在觀察和寫作中明確表露出實存的「我」，從而不至於對讀者造成誤導。

　　我想本書的敘述也是這樣。既然民國時期的歌謠論者們都已不再開口，後人的評論與其說是事實的再現，不如說是自己與歷史的對話和對當下景況的另一種表達。

　　本書共九章。首章論述歌謠運動從發起徵集到併入國學的基本脈絡，同時對前期的「北大中心」予以簡評。第二章與第三章相互關聯，均由對中國傳統社會所謂官、士、民「三級結構」的分析入手，集中討論民國時期知識界發起歌謠運動的自身緣由以及相關的歷史背景。第四章敘述「新國風」與「新文學」及「新史學」的關係，揭示知識界如何通過從文藝到學術的「民間轉向」，投身於國民塑造與國史建構之中。第五和第六章分別論述同一時期音樂、民俗和人類學界對歌謠運動的參與，力圖跳出單一學科的圈子局限，較為全面地認識那個時代「民歌研究」的整體面貌。第七章開始，論述的角度有所轉移，先是加入了對歌謠運動中「官方傳統」的強調，並將其與常在以往文人敘事中扮演主角的「學界傳統」比照，一方面強調國家施政對歌謠民俗的社會影響，一方面關注此過程中學者文人與官方干預的若即若離。接下來的第八章，把目光移出本土，從中外互動的角度，分析「東洋」、「西洋」如何同樣參與到中國學界近代以來的「民間轉向」之中。九章作尾，收而未結，突出朱自清的個案意義，試圖再從微觀的層面追溯已經逝去的歌謠運動「背影」。

　　總之，九章裏面，「洋」在其外，「國」在其中，隱含著中外交往的時代背景；而從頭到尾，以「士」為主，兼及「官」、「民」，強調從中國傳統「三級社會」的基本結構來展開。

〔註19〕馬爾庫斯、費徹爾：《作為文化批評的人類學：一個人文學科的實驗時代》，Anthropology as Cultural Critique，中譯本，王銘銘、藍達居譯，三聯書店，1998 年，頁 7～21。

　　簡而論之，全書討論的不過就是四個相互聯繫的關鍵詞即民、國、歌、學而已。初步組合，論述「民歌」、「國學」；連在一起，則綜觀「民國歌學」。

第一章 「歌謠學運動」

洋人的先例

1896 年，意大利男爵韋大列（Vitale）出版了《北京歌謠》一書。該書收錄並解釋了一百七十首「北京歌謠」。儘管作者當時的描寫對象是中國、寫作地點也在中國（意大利使館），可面向的讀者卻是西方。因此，其所介紹的歌謠便「不但是中文的，而且全都譯成英文」。從書的序言來看，作者的意圖是明確的，那就是：幫助西方讀者「瞭解中國人日常生活的狀況與詳情」並理解「真的詩歌可以從中國平民的歌找出」。〔註1〕

韋大列說，為了成就這一點，他克服了意想不到的困難。比如作為洋人，在北京感到「受歧視」等，但最大的困難在於不知怎樣才能「親自聽到」平民的歌謠「並把它們記錄下來」。於是在求人幫助（如他的中文老師以及英使館的 A. M. Raid 先生和德使館的 Krebs 先生等）之餘，他去到郊外，在「廟宇附近」得到了許多與人民交接的機會，通過直接的採集，完成了對北京歌謠的收錄介紹。

〔註1〕 韋大列：〈北京歌謠·序〉，常惠譯，收入鍾敬文主編《歌謠論集》，1927年，上海書局《民國叢書》（四）1989 年影印版，頁 425～428。另，韋大列也譯為衛太爾，《北京歌謠》也作《北京的歌謠》、《北京兒歌》、《北京歌唱》等。參見常惠：《談北京的歌謠》，原載《努力周報》第 27 期，《歌謠周刊》第 42 號、43 號轉載，1924 年 1 月 20 日、27 日，周作人：〈歌謠周刊發刊詞〉，《歌謠周刊》第一號，1922 年 12 月 17 日，朱自清：《中國歌謠》，作家出版社，1957 年，頁 155 等。

　　時隔數年，韋大列的《北京歌謠》及其相關論述被轉引到中國，成爲五四時期中國「歌謠學運動」中被不斷提及的重要參照。將它譯成中文的北大學生常惠（維均）後來一度成爲《歌謠周刊》主編。而在先生輩的著名學者中，胡適、周作人等人也對此例多次援引發揮。胡適選用《北京歌謠》中的民歌，稱其爲「眞詩」〔註2〕。周作人則不僅在《歌謠周刊》發刊詞（1922年）裏以這位意大利人士的觀點說明北大學人關注歌謠的文藝目的〔註3〕，而且在關於歌謠的專文中稱其「極有見解」，且與中國學界比較而言，堪稱「先見之明」。什麼樣的先見之明呢？那就是周氏指出的：

　　　　這些東西雖然都是不懂文言的不學的人所作，卻有一種詩的規律，與歐洲諸國類似，與意大利詩法幾乎完全相合。根於這些歌謠和人民的眞的感情，新的一種國民的詩或者可以發生出來。〔註4〕。

以後世的眼光來看，韋大列對北京歌謠的收集、解釋以及其後被五四學人的轉引發揮，堪稱民國早期中國知識界在國際交往的新格局中，對「民眾文化」的時代傾斜和對「民族新詩」〔註5〕的殷切期盼。只不過在如何看待「歌謠」與「民眾」的問題上，中外雙方的起點、立場實際上一直存在著差異和錯位。

　　對此，一位當年的論者曾作過小結，指出近代中國的民間文藝研究發端於對歌謠的關注，而「說也奇怪」，最先開始這一方面工作的，「卻是外國人」。〔註6〕

中國的國情

　　1896，韋大列在意大利駐京使館撰寫《北京歌謠》的時候，正值大清紀元的「光緒二十二年」。這一年，李鴻章受朝廷派遣以全權代表的身份出訪歐美諸國，並提出「聯絡西洋，牽制東洋」的主張；而清朝政府則因被迫向西方列強大舉借貸而開始償還鉅額債務；與此同時，德國指派它的駐華公使就

〔註2〕　《讀書雜志》第二號。
〔註3〕　《歌謠周刊》第一號，1922年12月17日。
〔註4〕　周作人：〈歌謠〉，《自己的園地》，1923年。
〔註5〕　韋大列《北京歌謠》「序言」中被中國學人多次轉引的這段話，在最初的常惠譯本裏，「國民的新詩」是被譯爲「民族的新詩」的。周作人將「民族」改爲「國民」似另有強調。此涉及到另外一個十分重要的問題，下文再論。
〔註6〕　陳子展：《中國近代文學之變遷・最近三十年中國文學史》，上海古籍出版社，2000年〔1929〕，頁270～281。

在這一年向清政府指名索取山東省的膠州灣……〔註7〕

時隔兩載，光緒二十四年（1898），以「保清滅洋」爲名的義和團運動爆發。清政府的官方文本中，先是將鬧事之眾指認爲「匪」（「拳匪」、「邪教」），後又因可資利用而改稱爲「民」（「義民」、「團民」）；繼而便聯合「團民」向洋人開戰，攻打外國駐京機構，致使德國公使克林德（其或許就曾給過韋大列幫助？）被殺。緊接著北京被「八國聯軍」攻佔，義和團民眾慘遭鎮壓；而政府則再度改口，在內部通報中稱此次事變爲『『民』、『教』互鬥」〔註8〕，與獲勝洋人重新議和。中國內部的官民關係又一次回到自上而下的「剿—撫」套路之中。

這時的中國知識界（或以另一種流行的話說，中國的「智識階層」）在如何對待「民心」和「民智」的問題上，亦始終擺脫不了若即若離、取捨兩難的自我困繞：一方面呼喚順應民心，因而主張「視民爲本」〔註9〕；另一方面又認爲民眾愚昧，於是力圖「開啓民智」。如晚清「維新派」的主要代表康、梁等人就在宣稱「與民同患」〔註10〕的同時，視「義和團」這樣的民眾反抗爲「拳匪之禍」，並強調「論者皆知爲一群愚昧之人招之也」〔註11〕，從而引出他們既要「興民權」又欲「保君主」的雙重立場。

歸根到底，這種典型的矛盾心態和立場實與中國「智識階層」在傳統社會結構裏的地位處境相關，即始終把自身放在「民」之上和之外，從而不斷在天下治亂與王朝更替的變動中，產生出「救民主義」的種種言行。而這樣的「救民主義」不可避免地關聯和受制於國家命運，因而又不得不與各種形式的「救國主義」結下不解之緣。也就是說，因「憂民憂國」之心而派生的「救國救民」之舉，長期成了中國「智識階層」自我獨立和自我確認的根本路徑。其表面叛離，實爲正統；外在爲人，內在爲己。

〔註7〕 胡繩《從鴉片戰爭到五四運動》，上海人民出版社，1982年，頁545。胡繩在書中把清廷的此次舉借稱爲「政治奴役性貸款」，並把德國公使的行爲列入「帝國主義列強對中國的掠奪」事例之中。

〔註8〕 《中國近代史資料叢刊·義和團》，第四冊，神州國光出版社，1951年，頁739。

〔註9〕 譚嗣同的《仁學》（在其遇難後刊行）便曾提出過「君末也，民本也」乃至「君爲獨夫民賊」的看法。《譚嗣同全集》，頁56、66。

〔註10〕 晚清維新派「與民同患」的觀點源自被後世奉爲儒家經典之一的《易》。康有爲在其《長興學記》裏對此有過具體的闡發，並對作爲其弟子的梁啓超產生了深刻影響。參見張朋園：《梁啓超與清季革命》，臺灣中央研究院近代史研究所專刊（11），1999年，頁9～13。

〔註11〕 梁啓超：〈中國積弱溯源論〉，《飲冰室文集》之五，中華書局，1932年，頁22。

在這點上，「出山」前的康有為有過明確表白：其曰：

> 既念民生艱難，天與我聰明之力拯救之。乃哀物悼世，以經營天下為志。

> 「俯讀仰思……所悟日深。」「其來現世，專為救眾生而已，故不居天堂而故入地獄，不投淨土而故來濁世，不為帝王而故為士人，……故日日以救世為心，刻刻以救世為事。」〔註12〕

這裡，「不為帝王而故為士人」的「救世思想」和「救民主義」，體現了智識階層——「士」在傳統中國由官、士、民構成的「三民社會」與「三分天下」格局中，所標榜和追求的理想抱負：不僅高於民，而且高於官；不僅要救民，而且要救國——通過救國救民以救世、救天下和救眾生。這樣一來，不但「士」游離在官、民之外和之上，而且在其「救世思想」的框架裏，「民」與「君」等，且「民」不離「國」，都是有待被救的對象。由此引伸，「民」、「國」一體，於是等到「辛亥革命」之後，中國的局面便進入了知識界眼中的「民國創建」與「國民治理」兩重目標裏了，也就是落入了「民治」與「治民」的矛盾對立之中。

而也正是這樣的矛盾對立，成為了民國時期中國「歌謠學運動」關注民歌與重寫國學的歷史背景。

歌謠學運動

「歌謠學運動」的提法，主要見於當年參加過相關研究的鍾敬文等先生的總結和回顧性論述。鍾敬文先生的論述首先把這一研究在時段上與「五四運動」掛鉤，然後將其界定為中國文化界興起的「新科學運動」、「新學術運動」；既而使之歸入五四「新文化運動」的組成部分，也就是一個偉大的「政治運動」和「文化運動」的「一個方面」，具有「中國近代史的一個分水嶺」的特點，乃至「中華民族終於站起來」的象徵之一。〔註13〕

〔註12〕〈康南海自編年譜〉，《戊戌變法資料》。

〔註13〕鍾敬文：〈「五四」前後的歌謠學運動〉，《民間文學》，1979 年第 4 期，收入《中國民間文學論文選》，下卷，上海文藝出版社，1980 年，頁 389～405。

圖一　《歌謠周刊》創刊號

　　此處所引的論述發表於 1979 年中國學術界大規模舉辦紀念「五四」（60週年）的活動之際。鍾敬文的〈「五四」前後的歌謠學運動〉一文，目的在於總結歌謠學歷史，並期待能夠使之在「新時期」向更高境界前進。後來王文寶的《中國民俗學史》一書也使用了「歌謠學運動」的提法，並將其與同一時期的「民俗學運動」和「俗文學運動」並提。其中的一個突出特點是，鍾、王二人的論述都特別強調了與此「運動」緊密關聯的中心地點和基本陣營：北京大學與北大師生。

　　王文寶把北大稱爲中國歌謠學運動的「發源地」（也是五四運動的發源地）；鍾敬文則在論述中時常把「北大歌謠學運動」與「中國歌謠學運動」等同、置換。由此一來，北京大學教授學生們的歌謠研究活動就賦有了「國家敘事」的意義，成爲了中國歌謠學運動的縮影和象徵。根據後人整理的材料與發揮來看，這一縮影和象徵有著一個緣起與演變的過程，即在事象和論述兩個層面上：從「歌謠」到「學」到「運動」。

緣起：「徵集」歌謠

如今的論者大都傾向於把民國七年（1918）的二月一日定爲「中國歌謠學運動」的緣起日，因爲這一天的《北京大學日刊》正式發表了向全國徵集歌謠的簡章。該「簡章」不到二千字，本意是爲刊發《中國近世歌謠彙編》和《中國近世歌謠選粹》而進行材料收集，同時還規定了具體的截止時間：民國八年六月三十一日。此後的三月內「所收校內外來稿」八十餘起，歌謠一千一百餘章，經徵集者選編詮定後，用一年的時間——1918 年 5 月 20 日～1919 年 5 月 20 日，以「歌謠選」之名在《北京大學日刊》刊發了其中的 148首。

那麼，由一篇「簡章」引發的「本校」活動，何以被視爲「中國歌謠學運動」的起點呢？

展開：歌謠「運動」

今天的論述認爲：「由劉半農擬定的〈北京大學徵集全國近世歌謠簡章〉是一個「號召書」和「宣言書」。它「動員全國收集代表人民心聲的民俗歌謠」，因而「宣告了中國民俗學運動的開始」；並還指出，刊登在同一天《北京大學日刊》上蔡元培先生的〈校長啓事〉，因前所未有、鄭重其事地「把歌謠視如珍寶地廣泛徵集」，「表現了『五四』新文化戰士們進步的人民觀」。〔註14〕

其實，「簡章」的產生及蔡元培〈校長啓事〉的問世，最初不過是起因於該校教師劉半農同沈尹默的一段閒談。據劉半農本人的回憶，一天，二人在冬季的一場大雪之後，沿北河「閒走」。劉「忽然」說，歌謠中也有很好的東西，我們何妨徵集一下呢？沈覺得意見很好，就提出由劉擬出辦法，請蔡元培先生「用北大的名義」徵集。劉半農總結說：

> 第二天我將章程擬好，蔡先生看了一看，隨即批交文牘處印刷五
> 千份，分寄各省官廳、學校。

結果，「中國徵集歌謠的事業，就從此開場了。」〔註15〕

後世的論者基本接受了這種關於開場的說法。有人還順此發揮說，「這種

〔註14〕王文寶：《中國民俗學史》，巴蜀書社，1995 年，頁 184～219。
〔註15〕劉半農：《國外民歌譯‧自序》，北新書局，1927 年。

雪後河岸的閒走閒談，儼然具有某種象徵的意義」，因爲它「在不經意中」對中國現代的歌謠與民俗學研究產生了決定性影響。〔註16〕

蔡元培的〈校長啓事〉由「校教職員及學生諸君公鑒」開頭，以「本校」名義「敬請幫同搜集歌謠材料」，尚無對此活動加以評價的話語。但是其中卻要求「所有內地各處報館、學會及雜誌等」積極協助，廣爲參與。

從今天的眼光來看，這種以北大名義，直接分寄各省官廳、學校、要求內地報館、學會協助參與，以及所謂「『中國事業』從此開場」的舉措與評價，其實就已體現了當事人以「社會主人」和「國家中心」自居的心態。這種主要產生於「五四」知識界的新文人心態，從「首都」蔓延開來，與各地的類似潮流形成互動，遂使這一源自「本校」的徵集活動，逐漸激起「全國性」回應。不但從四川、江西、黑龍江、安徽、廣東、湖北、江蘇、直隸、河南、陝西、浙江、雲南、遼寧等諸省市紛紛有歌謠材料寄往北大，各地還「紛紛仿傚」，開始在報刊上登載歌謠，從而引起了鍾敬文等遠在京城之外的青年學子產生出對民間文藝的熱切關注〔註17〕，甚至因有自己採集的作品獲得北大期刊發表，便竟一時間「像瘋子一樣，拼命向周圍搜求」。〔註18〕此外，在上海這個被稱爲中國的「外國人首都」之地，〔註19〕也相繼發表了類似文章。〔註20〕

然而值得提及的另外一個事實是，早在北京大學「發起」徵集的四年之前，一位身在紹興的地方文人便已做出過先行之舉：通過當地報刊，徵集民歌與民俗材料。可惜或許只因「地微言輕」，應者寥寥，一年之內只有一稿應徵；無奈之下，他只好自己動手，一邊採集一邊撰文，倡導對歌謠進行研究……〔註21〕這位文人就是後來參與領導「歌謠學運動」並躋身於主流學

〔註16〕陳泳超：〈劉半農對民歌俗曲的借鑒與研究〉，《中國現代文學研究叢刊》，作家出版社，2001年第1期，頁240～253。

〔註17〕鍾敬文：〈「五四」——我的啓蒙老師〉，《鍾敬文生平、思想及著作》，河北教育出版社，1991年，頁155。

〔註18〕鍾敬文：〈《歌謠》周刊・我與它的關係〉，《民間文學論壇》，1992年，第2期。

〔註19〕〔美〕顧定國：《中國人類學逸史——從馬林諾斯基到莫斯科到毛澤東》，中文版，胡鴻保、周燕譯，社會科學文獻出版社，2000年，頁29。

〔註20〕這類文章往往以胡愈之1921年發表在《婦女雜誌》上的〈論民間文學〉爲代表。參見王文寶：《中國民俗學史》，巴蜀書社，1995年，頁190。

〔註21〕陳子展：《中國近代文學之變遷・最近三十年中國文學史》，1929年，上海古籍出版社，2000年，頁274～275。陳子展雖然也介紹到北大的歌謠徵集工作，但並沒有稱其爲「中心」，而且評價周作人先生此前的「這種提倡之功，真不可沒」。

界的周作人。同樣的事同樣的人，卻產生截然不同的結果，除了時間方面的少許「落差」外，「京城」、「北大」與地方小縣之間的區位落差不能不說是主要原因。這種差別的本質可用一句話簡括，即一個國家一個中心。正因中國的社會存在著這種區位上的巨大反差，才不但導致處於其中的當事人不能不對其認同並利用，而且還使後世論者也跟隨著對這樣的「中心」加以宣揚和強調。於是在所謂「歌謠學運動」的總結中，不斷出現以北京定位、且對「北大中心說」屢加複製的做法就不足為怪了。

1999 年，由北京發起（上海出版）的《中國民俗學年刊》創刊號便總結說：

> 五四前後，以北京大學為中心，京、浙、粵三地年輕的知識分子們滿腔熱情地成立北京大學歌謠研究會……展開了史無前例的歌謠學、民俗學運動。〔註22〕

歸併：融入「國學」

「五四」之後，由一封學生（常惠）的信函促使，北京大學臨時性的歌謠「徵集處」（劉半農為最初收件人）改為「歌謠研究會」（1920 年 12 月 19 日），北大師生們的歌謠徵集活動又才演變有組織的學術行為，即不但注重「研究」，而且強調「專業」和「學科」。

「歌謠研究會」由北大教授發起組成。沈兼士、周作人先後主持其事。雖曾向校內外徵求過委員，稱凡有研究歌謠興趣者——包括同學，均可加入。但該會不到兩年就被歸併到北京大學研究所的「國學門」下；其創辦的《歌謠周刊》也併入了《國學門周刊》（後改為《月刊》）。1923 年 5 月 24 日，北大「國學門」組建的「風謠調查會」成立，隨即向國內寄發數千份格式相同的「風俗調查表」。該表一方面繼續倡導關注歌謠和風俗這樣的「民眾事故」，另一方面亦在表上明確印著「中華民國」的年號和「國立北京大學國學門」的落款，從而使「民」與「國」經由文人學者的組合，再度連為一體，成為知識界並置論說的對象。〔註23〕

〔註22〕中國民俗學會等編：《中國民俗學年刊》，1999 年創刊號〈封面辭〉、〈卷首語〉，上海文藝出版社，1999 年 4 月，封面頁及第 1～2 頁。

〔註23〕容肇祖：〈北大歌謠研究會及風謠調查會的經過〉，《民俗》第 15～16、17～18 期，中山大學歷史語言研究所，1928 年 7 月 1 日、7 月 25 日；王文寶：《中國民俗學史》，巴蜀書社，1995 年，頁 204。

這樣，僅在作爲其「話語中心」和「發源地」的北京大學範圍內，所謂「中國的歌謠學運動」，便大致奠定了從「民歌」到「運動」再到「國學」的學科建構與知識整合進程，即：在學術的層面「以民歌充實國學」，同時又反過來「用國學整合民歌」；以及在政治的層面「用民眾重釋國家」，同時「以國家規範民眾」。而使這一切得以發起並實施的核心主體卻既不在民，亦不在國，而僅在當時的知識界。這一點，後來的回顧文章也有論述，指出其局限是主要「只在知識階層中活動」，而沒有跟民間文藝的作者——「工農大眾」相結合；而原因在於當時的知識階層未能運用無產階級觀點與方法的緣故。〔註24〕

需要深入追問的是，知識階層既做不到同民眾結合，卻又爲何要呼喚關注民眾文藝呢？一種潛在的答案是：作爲一個已從舊傳統的社會結構中剝離出來的新群體，這樣做的目的乃在於爲了知識階層自己——爲知識分子的自我確認、爲知識話語的權威重建和爲知識陣營的發展創新。正是爲了這樣的目的，當時的中國知識界既需要「民」也需要「國」，需要在「民國」的構建中，啓蒙「國民」，開發「國民」，從而使知識階層的地位、價值得以實現。而決定所有這一切的關鍵因素，乃是知識階層所不斷創立和維護的有力武器：「學」，亦即學問、學術、學科、學界。並且，就中國社會的主流傳統而言，此「學」注重的並非只是「形而上」的求眞悟道，而更是「形而下」的治世參與，也就是通常所說的「治國平天下」。所以，「學」的歸結處每每便要同世俗的政治發生關聯。這在古代是學統與王權的結合，到了現代則轉變爲與國家的打通。

進而論之，到了民國早期，知識人以「學」爲本，靠「學」爲生；離「學」無果，棄「學」不行。於是「歌謠學」也罷，「民俗學」也罷，都納入到了「新國學」之內，成爲學者們確認自身、拓展事業的另一種方式與途徑。〔註25〕

當然這樣一來，若跳出其被論說的層面來看，無論「民」還是「歌」，實際上便依然存在於教授文人們的圈子之外。

〔註24〕鍾敬文：〈「五四」前後的歌謠學運動〉，《民間文學》，1979年第4期，收入《中國民間文學論文選》，下卷，上海文藝出版社，1980年，頁389～405。
〔註25〕鍾敬文：〈重印《民俗》周刊序〉，《民俗》，上海書店，1983年12月。鍾敬文指出中國近代的民俗學運動，從社會思潮說，是一種新文化運動，而從學術本身說，「是一種『新國學運動』」。

第二章　民眾文化與精英立場

　　民國八年（1919）五月四日，作爲「五四」標誌性事件的學生運動在北京爆發。在中國近代歷史上，這一天被後人無數次地大書特書過。然而也正是在這一天，在被喻爲「五四」策源地的北京大學，該校校刊《北京大學日刊》的「歌謠選」欄目照常刊發，登出了自 1918 年 5 月 20 日開始連載以來的第 134 首徵集歌謠（本校陳元桂君來稿）：

　　　年又將至心愴愴
　　　無乜作年只空空
　　　市上沒有賒布客
　　　村中沒有借錢人
　　　姐妹有錢無挪借
　　　兄弟朋友嫌赤貧
　　　把起酒杯飲一口
　　　目計連淚滿面酸
　　（編者按：此章通行於廣東文昌縣）〔註1〕

　　半個多世紀後，研究中國近代史的美國學者史華慈認爲，「五四」只是 20 世紀初中國社會一系列事件中的一個插曲，並沒有導致直接的政治結果。知識分子階層中有許多人，包括魯迅，並沒有真正感受到它的重大意義。與此同時，胡適、顧頡剛、傅斯年等人仍然相信，中國問題的根源終於文化，因此他們必然地要去「整理國故」。而所謂國故整理中的一個新的趨向，便

〔註1〕　《北京大學日刊》，第 369 號，1919 年 5 月 4 日。

是「用實證的態度去研究民眾文化」。〔註2〕

借助「民眾」，確認「我們」

如果說民國早期中國「歌謠學運動」中的「學」這一環節，大體就是史華慈所說的知識階層對民眾文化進行研究之「新趨向」的話，此趨向的特點顯然並不限於「實證的態度」，而更在於新生的知識界出於自身立足和發展之需所引出的價值轉向：發現「民間」，識別「民眾」。

民國十一年間，北大「歌謠研究會」宣告建立。不久，其機關刊物《歌謠周刊》也正式創辦。後世論者多以此作為五四前後的歌謠「徵集」始轉為研究，也即歌謠開始為「學」的標誌。

這一時期，已由邊緣地方進入京城主流的周作人接連發表的多篇論述，尤其值得注意——從中可見出當時歌謠學研究者們的基本初衷。1922 年 12月 17 日發表在《歌謠》周刊「創刊號」上的〈發刊詞〉，在回顧歌謠徵集的「發起」時，周作人強調了北大「五教授」〔註3〕的作用；接著對自發起以來「雖前後已有五年，但因為種種事情不能順遂進行」表示一番感歎之後，宣佈了北大同人研究歌謠的兩個目的：學術的和文藝的。所謂學術的目的，該文除了簡單提及關涉到「民俗學的研究」、並且對現今的中國「確是很重要的一件事業」外，沒有深入展開。而此前後的〈民眾的詩歌〉（1920）、〈中國民歌的價值〉（1923）等文，則明確表達出作為知識群體的「我們」之所以「關注民眾」的見解與主張：

（1）民眾的詩歌足以代表中國極大多數人的思想；〔註4〕

（2）這些詩歌無論形式思想怎樣不能使我們滿足，但我們不能不引起同情與體察；〔註5〕

（3）通過瞭解民眾的詩歌，能夠幫助我們知道作為「社會支柱」的民

〔註2〕 史華慈：〈五四及五四之後的思想史主題〉，費正清主編，《劍橋中華民國史》，1983 年，中譯本，章建剛等譯，上海人民出版社，1991 年，頁 431～482。

〔註3〕 這裡的「北大五教授」指：劉復（劉半農）、沈尹默、周作人（擔任編輯）和錢玄同、沈兼士（考訂方言）。參見周作人：〈歌謠周刊發刊詞〉，《歌謠周刊》第一號，1922 年 12 月 17 日。

〔註4〕 周作人：《民眾的詩歌》，1920 年。

〔註5〕 同上。

眾心情；〔註6〕

（4）民眾的歌謠可以說是原始的又是不老的詩，並且是民族文學的初
基；〔註7〕

（5）根於這些歌謠和人民的真的感情，民族（國民）的新詩方可發生
出來。〔註8〕

在此，「民眾」是什麼？民眾是「極大多數」、是「社會支柱」、是能夠創
作出原始而又不老詩歌的群體，是不能不引起「我們」同情和體察的對象。

然而「我們」是誰？「我們」在民眾之外，是民眾的關注者和研究者；
若僅就歌謠運動的緣起而言，「我們」只是北京大學的一群教授學生。1922
年，曾一度與周作人先生同任《歌謠周刊》主編的常惠發表了〈我們為什麼
要研究歌謠一文〉，提到歌謠是民眾的藝術，是「平民文學的極好材料」；「我
們」現在研究它和提倡它，是因為一定要知道「那貴族的文學」從此「不攻
而自破了」；而要收集歌謠，非得親自「到民間去」不可。〔註9〕

這裡出現了幾組重要的對立：「歌謠」、「民眾」、「民間」與「我們」；「平
民文學」與「貴族文學」。令人感到為難的是，此處所說的「我們」看來既在
「民間」之外，又與「平民文學」和「貴族文學」都不相連，似乎處於一種
似是而非的尷尬裏。然而也正是這種身份的模糊和待定，才使「我們」作為
中國近代社會的一個特殊群體與言說方式，在需要時常克服「認同焦慮」的
同時，獲得了能夠在「民」與「非民」之間任隨取捨的優越和自由：當需要
發現民間並啟蒙大眾和改造國民時，「我們」就是民眾之外的社會良心和知識
精英；而在需要抵制官府、批判聖賢的時候，「我們」則又轉而「為民請命」
乃至成為民眾一員了。

若再往下深究，這裡的所謂「我們」，還值得細細分析。「我」指的是言
說者自己，也是其觀察民眾、研究歌謠的基點與圓心。「們」是複數，代表
「我」所關聯和認同的群體。以北京大學為例，此群體首先表示最初的「歌
謠徵集處」、《北京大學日刊》以及後來的「歌謠研究會」、「風俗調查會」、《歌

〔註6〕 周作人：〈中國民歌的價值〉，北京大學《歌謠周刊》，第六號，1923 年 1 月 21 日。

〔註7〕 《歌謠》1923 年。

〔註8〕 參見《歌謠周刊·創刊詞》，創刊號。

〔註9〕 常惠：〈我們為什麼要研究歌謠〉，《歌謠》周刊第 2 號，1922 年 12 月 24 日。
收入鍾敬文編《歌謠論集》，上海書局《民國叢書》（四），1989 年影印版，
頁 303～312。

謠周刊》、《國學門周刊》直至「北京大學」等。其次還包含著這些組織機構及其報刊所指涉、團結和影響（或期待指涉、團結和影響）的接受群和參與群。

當《歌謠周刊》等的接受者們閱讀北大師生的言說時，實際上是被包含到了一種「我」與「你」的關係之中。也就是說，你已被視爲「我們」的潛在部分，在一同探討「他們」——民間和民眾的事情。或許這才是當年發起於幾位學者的民歌研究爲何要不斷結成組織並且會把這樣的研究一再擴展（或強調）爲「運動」的內在原因：他們，一群角色不明的知識人，需要通過以民眾爲參照，反覆界定並增強自我的社會身份和價值。

後世的論者在討論民國早期的社會狀況時，都會注意到知識界作爲一個群體的重要作用。然而要想弄清其究竟是一個什麼樣的「群體」卻眾說紛紜，難以界定。大多數論述都習慣於在這一群體的前面冠以一個「新」字。「新」在哪裏呢？「新」在與「過去」和「傳統」的區別。

一般認爲，光緒三十一年（1905）是一個分水嶺。這一年清廷廢除了科舉制度，從而使中國古代「讀書做官」的仕途模式就此告終，新型的社會「學者」逐漸與舊式的幕僚「政客」分離，文人對官府的依附也隨即瓦解。結果是一個可以稱爲「知識分子」的階層開始在中國產生。〔註10〕

如今看來，「知識分子」的命名具有「後起」和「外加」的性質；換句話說，其不過是外在於被命名群體的一種「他稱」。實際上當時的「自稱」可以說也是有的，其中之一叫做「智識階級」。此封號被章太炎說成是民國以後「教育界的發明」，並且表示過對此「發明」造成了「城鄉之分」的擔憂。〔註11〕後來的論者加以轉引後認爲，所謂「智識階級」其實「就是教育制度改革的產物」。它的主要表現之一是：科舉既去，「士與大夫分離」，「士」變爲主要議政而不參政的「職業知識分子」；「大夫」則（有可能）變爲「職業革命家」。而此時的知識分子學西人提出「到民間去」的口號，不過是「城鄉已分離的明證」。〔註12〕

〔註10〕 史華慈：〈五四及五四之後的思想史主題〉，費正清主編：《劍橋中華民國史》，1983 年，中譯本，章建剛等譯，上海人民出版社，1991 年，頁 431～482。

〔註11〕 章太炎：〈在長沙晨光學校演說〉，1925 年 10 月。參見羅志田：〈清季社會變遷與民國政治——科舉制改革的影響〉，《亂世潛流：民族主義與民國政治》，上海古籍出版社，1999 年，頁 6。

〔註12〕 羅志田：〈清季社會變遷與民國政治——科舉制改革的影響〉，《亂世潛流：民

如果暫不論上述「他稱」與「自稱」的差異以及由此引出的一系列問題，僅就民國前期參與「歌謠研究」的主體成員來看，他們身份的基本特徵還是能夠加以確認的，那就是均與「書本」關聯：讀書、教書和寫書。因此若以一個古今沿用的話來說，依然都可稱爲「讀書人」或「文人」：以文爲生，靠文爲業，憑藉對「文」的發明權和解釋權，擁有與民眾和官府相對的先進和超然之感；而所謂的「文」，如果說在過去是指「文字」、「文章」的話，進入現代，則指「文化」和「文明」；而「文人」也就有了「文化人」與「文明人」的含義。

這樣，儘管從權力產生與再分配的角度，可以接受科舉制的廢除堪稱「『數千年未有之大變局』中『最重要的體制變動』」這樣的說法〔註13〕，然而不能不看到在社會－文化的結構組成上，晚清至民國其實並沒有根本改變，依然保留了傳統中國的「三級社會」模式，即「官」在上，「民」在下，中間夾著「士」階層〔註14〕；只不過民國之後，「士」的稱謂變成了「智識階級」或「知識分子」、「文化精英」等罷了。對此，研究中國近代史的桑兵也說晚清至民國的中國「新知識界」，儘管內部觀點分歧、派別眾多，但仍可見出一個共同基點，那就是由傳統士人「天下己任」的抱負和近代知識分子「國民主體意識」所產生的「交織」。並且，「這種情況到 1905 年後依然存在」。〔註15〕

1928 年 3 月 20 日，從北京南下的「歌謠運動」主要參與者之一顧頡剛在嶺南大學作了一次學術演講，提到八年前雖被大家稱爲「新文化運動」的「五四運動」，其實「只有幾個教員學生做工作」；並且還特別把這些教員學生與「以前的士大夫階級」相提並論。演講也使用了「智識階級」的說法，不過將其與過去連通，指出「古代的智識階級」只是一班「貴族的寄生蟲」；而「我們」的使命，便是要新文化運動未能成功之際「繼續聲呼」，在「聖賢文化」之外解放「民眾文化」。

族主義與民國政治》，上海古籍出版社，1999 年，頁 1～17。

〔註13〕羅志田：〈清季社會變遷與民國政治——科舉制改革的影響〉，《亂世潛流：民族主義與民國政治》，上海古籍出版社，1999 年，頁 1～17。

〔註14〕關於傳統中國的官、士、民「三級社會」問題，筆者曾受余英時《士與中國文化》的啟發，有過初步涉及（參見徐新建：〈民間文化：走向復歸的「第三世界」〉，《民間文學論壇》，1988 年第 5～6 期），此處仍有進一步探討的必要。

〔註15〕桑兵：《清末新知識界的社團與活動·自敘》，三聯書店，北京，1995 年，頁 1～8。

通過「我們」，鑒定「民衆」

顧頡剛的演講初以口頭表達，在由鍾敬文記錄整理並經顧本人校訂後發表於廣州中山大學歷史語言研究所的《民俗》第 5 期上；標題十分醒目，叫做〈聖賢文化與民衆文化〉〔註16〕。顧頡剛首先以個人的學術感受爲引，解釋了爲何演講這一題目的原因：對中國「以貴族爲中心」的文化和歷史把「民衆的歷史」長久壓沒在「深潭暗室」而感到痛苦！

這篇演講的核心是把「貴族」與「民衆」儼然相分的不合理傳統一舉挑明，然後譴責貴族在智識階級的幫助下，對民衆文化的無視和壓沒，同時表示這種不合理的傳統必須打破。但值得注意的是，顧的譴責不但把「古」和「今」做了劃斷，而且將「古代的智識階級」同作者身在其中的現代之「我們」加以了嚴格區分。

顧頡剛分析說，貴族的護身符是「聖賢文化」，其主要包含有三，即聖道、王功和經典；而「聖賢文化」的參與創造者中，少不了充當貴族「寄生蟲」的古代「智識階級」。這些人「並沒有崇高的地位」，只是聽命於貴族的使喚罷了：

> 貴族要祭祀行禮，於是有祝宗。貴族要聽音樂，於是有師工。貴族要占卜，要書寫公牘，於是有巫史。有了這一班人，就有了六經：《詩》與《樂》由師工來，《書》與《春秋》由史來，《禮》由祝宗來，《易》由巫來。

那麼，「我們」與傳統的「智識階級」有什麼區別？「古」與「今」又何以不同呢？依照這篇演講的觀點，那是因爲「各時代有各時代的時勢」，所以「各時代有各時代的道」；現在進入「中華民國」，階級制度可以根本推翻了，因而受著時勢的激蕩，「我們」便要將這一切改變：不僅「打破以貴族爲中心的歷史，打破以聖賢文化爲固定生活方式的歷史」，而且要挺身出來對「民衆的」文化、歷史加以「揭發」和「表彰」。

由此可見，作者的界限就在「民國」：以民國爲界，「我們」既不是貴族聖賢或被壓沒的民衆，也不是聽命於前者的舊式「智識階級」。

陳子展寫於 1929 年的《最近三十年中國文學史》也說，「中國人向來的

〔註16〕顧頡剛：〈聖賢文化與民衆文化〉，鍾敬文記錄整理，《民俗》，第 5 期，1929 年 4 月 17 號，廣州中山大學歷史語言研究所。

所謂文學，是文人的，或是豢養文人的貴族的，差不多和一般民眾無甚關涉」；民間的文學雖自古就有，但卻被「君主」、「文人」和「闊人」所輕視，「壓得伸不出頭來」。在陳子展看來，通過這種對照，「我們」可以看到中國「平民文學和貴族文學最初的分野」。而「我們」的這種「看到」之所以可能，是由於「社會的進化」和「民眾的需要」，使得文學上有了「平民化傾向」。〔註17〕

稍加對比便不難見出，陳和顧二人在論述「古」、「今」差異以及「我們」同「貴族」、「民眾」分別上的一致之處。

雖然究竟「我們」屬於一種怎樣的組合、是否還是文人或智識階級的問題實際也還並沒有弄清，可一旦有了與「君主」、「貴族」、「聖賢」相區別的身份確認為前提，「我們」便有了作為「民眾代言人」的起碼資格，「民眾」及其歷史－文化也就自然成了有待「我們」界定、表彰和解放的對象。

那麼，所謂「民眾」究竟有什麼內涵，值得「我們」如此激越地去關注並為之疾呼呢？

顧頡剛的演講首先指出的三條理由是：

（1）民眾的數目比聖賢多出多了；

（2）民眾的工作比聖賢複雜多了；

（3）民眾的行動比聖賢真誠多了。〔註18〕

如果可以把其中的複雜解釋為艱辛的話，此處強調的民眾特點便是：數量眾多、勞作辛苦以及行動真誠。

1920 年代後期，民國的社會政治局勢發生很大改變。大致以長江為界，中國的格局再次出現了南北對峙。僅就對學界的歌謠研究影響而言，「北大的工作已停止，北大的名稱已取消」；幸好北大的種子散佈各地，〔註19〕故而使該項事業的「中心」得以在南方重鎮——廣州延續，並在那裡進入其繼北大「發軔」之後的「傳播期」。〔註20〕在這時期，由「國立中山大學」歷史語言研究所主辦的《民俗》雜誌於 1928 年創刊。該〈發刊詞〉以大聲疾

〔註17〕陳子展：《中國近代文學之變遷‧最近三十年中國文學史》，上海古籍出版社，2000 年，1929 年，頁 270～281。

〔註18〕顧頡剛：〈聖賢文化與民眾文化〉，鍾敬文記錄整理，廣州中山大學歷史語言研究所《民俗》，第 5 期，1929 年 4 月 17 日。

〔註19〕容肇祖：〈北大歌謠研究會及風謠調查會的經過〉，中山大學歷史語言研究所：《民俗》第 15～16、17～18 期，1928 年 7 月 1 日、7 月 25 日。

〔註20〕楊成志：〈民俗學會的經過及出版物目錄一覽〉，中山大學歷史語言研究所：《民俗》〈復刊號〉一卷一期 1936 年。

呼的方式，對研究民眾文化的目的作了充滿鼓動之情的說明。其先指出：「可憐，歷來的政治、教育、文藝，都給聖賢們包辦了」；如今「皇帝打倒了，士大夫們隨著跌翻了」，過去的民眾被視為「小民」而守著卑賤的本分，現在「他們」的面目和心情都可以透露出來了！因此：「我們」要秉著時代的使命，高喊口號：

> 我們要站在民眾的立場上來認識民眾！

> 我們要檢討各種民眾的生活，民眾的欲求，來認識整個的社會！

> ……

> 我們要把幾千年埋沒著的民眾藝術、民眾信仰、民眾習慣，一層一層地發掘出來！

> 我們要打破以聖賢為中心的歷史，建設全民眾的歷史！〔註21〕

可惜在「歌謠學運動」所處的時代「語境」下，「民眾」這個被指認與被研究的群體，始終處在發言權被排除的境遇裏，不過是一群「沉默的大多數」或「缺席的在場者」。世人所聞見的熱鬧「運動」只是知識界的集體獨白。也就是說，由於民眾主體的「待言」和學術精英的「代言」，關於「民眾」的界定其實一直是在知識階層的圈子裏面滋生循環，並且既說法繁多且還變化不定。後世的論者可以通過這種「代言」，瞭解那個時代已處在變與不變之中的士－民關係，以及前者對後者的發掘與利用。

現在還可回過頭來，再審視一下所謂「我們」在界定「民眾」時的另一重矛盾。上引《民俗》發刊詞的口號中暫用「……」省去的第三句口號是：「我們自己就是民眾，應該各各體驗自己的生活」！其至少體現出當時「知識人」的兩層策略，一是通過稱「我們自己就是民眾」強調「代言」的合法；一是在需要反對「貴族」、「聖賢」的時候，主動獲取並亮出與「民眾」相同身份。

〔註21〕廣州中山大學歷史語言研究所：《民俗·發刊詞》，第一期，1928 年 3 月 21 日。

第三章　「民」的發現與「歌」的探集

「三級社會」與官民之間

前面提過，在民國時期的歌謠研究中，作為研究主體的「我們」是通過對「民眾」的言說和界定來自我確認的。展開來看，這種自我確認又與中國傳統的「三級社會」結構即所謂官、士、民「三分天下」相關。如果在較為廣泛的意義上可把「士」與「知識人」等同的話，所謂「智識階級」或「知識分子」就是晚清至民國時期的「士」。他們上可達「官」——政府，下可通「民」——大眾、平民、蠻人；同時又夾在二者之間搖擺、變化，既可對兩邊批判，又時常兩邊受氣。

余英時先生於 1980 年代結集出版的《士與中國文化》一書，採用以儒家學說為主的古代史料為據，考察論述了「士」的產生和演變，認為「士」就是中國傳統社會的「知識階層」。他們由「貴族下降」和「庶人上昇」混合而來——亦可說交錯在二者之間，具有在中國文化傳統中處於相對「未定項」的特徵；而相對的「未定項」也就是相對的「自由」，使其可以「為官非官」（是官僚又不限於官僚），「為民非民」（既能為某一階層的利益發言，又超越於該階層之外），並做到「不治而議論」〔註 1〕。桑兵的類似論述，一方面在強調「知識人」對傳統中國之意義時指出與其稱「國不可一日無君」，不如說

〔註 1〕　余英時：〈自序〉及〈古代知識階層的興起與發展〉、〈中國知識分子的原始形態〉，《士與中國文化》，上海人民出版社，1987 年，頁 1～112。

「不可一日無知（知識人）」；另一方面又將這一意義延伸到清末民初，認爲「新知識界」的出現打破了以往「官紳民」的「恒定關係」，也就是說士中的一部分「開明人士」開始與舊式的「紳」分離，轉型成爲「自由知識分子」，表現出「向民靠攏」的傾向（倡導民權）〔註2〕。

《穀梁傳》說上古者有四民，即士民、農民、工民和商民。結合類似的史料來看，「士」之所以具有此種「非官非民」且「亦官亦民」的「未定」和「自由」，乃其在所謂「三級社會」中的居中（或曰「模糊」）地位使然：他們上可與「大夫」合一，充當官僚隊伍的骨幹；下能同「農工商」並舉，扮演「四民」之首的角色。對此，余英時先生補充指出，「四民制度」（或「四民社會」）的成立，是春秋晚期「士」由低層貴族轉化爲高級庶民之後的事。

這裡需要說明的是，無論「知識階層」、「三級社會」還是「四民制度」，都是後世論者的「說法」，或者說是旁人總結發明出來的認識「工具」，不能與所論說的對象全然等同。工具雜多，取者自鑒。消隱在歷史背後的「事實」，如果能夠見到的話，還得靠各自的旁觀和瞭解。

比如，「歌謠學運動」中的顧頡剛等人就顯然不願被劃入「士」的行列，而更希望加入到「民」的隊伍當中。因爲在他們看來，儘管低等，「士」無非還是「貴族」的成員、同夥。所以在批判官方的時候，他們便一邊把「士大夫」視爲與皇帝貴族一類，一邊聲稱「自己就是民眾」了。

「民」的多義

那麼，「民」是什麼？「民眾」何在？「民間」何爲？

民國七年二月，北京大學的〈徵集全國近世歌謠簡章〉僅作了簡單說明，其中所言的「民」大體是指：征夫、野老、遊女、怨婦〔註3〕。十年後，廣東成立的「客家歌謠研究會」發表類似的徵集啓事，稱「歌謠」是「民間的」自然文學，是「民眾」的唱聲，簡言之，就是「民歌」和「平民的」文學〔註4〕。同年，容肇祖總結「北大歌謠研究會及風謠研究會的經過」時，強調了另外一

〔註2〕 桑兵：《清末新知識界的社團與活動》，北京，三聯書店，1995 年，頁 1～8、292 ～294。

〔註3〕 北京大學：《歌謠周刊‧發刊詞》，第一號，1922 年 12 月 17 日。

〔註4〕 客家歌謠研究會：〈徵集客家歌謠啓事〉，《民國叢書》第四編（60），上海書店 1983 年影印版，頁 335～341。

組概念:「鄉民」、「土人」和「蠻人」〔註5〕。《民俗》周刊「發刊詞」把「民」稱為人間社會中被貴族聖賢排斥的「小民」,其中不但有「農夫」、「工匠」、「商販」、「兵卒」、「婦女」、「小孩」甚至包括「游俠」、「優伶」、「娼妓」、「僕婢」、「墮民」、「罪犯」;與之相區別的是「皇帝」、「士大夫」、「貞潔婦女」和「僧道」〔註6〕。此外,在周作人、鄭正鐸、朱自清等的論述裏則又提到「民謠」、「俗歌」〔註7〕以及「大眾」、「通俗」以及「無名」、「粗鄙」〔註8〕、「率真」、「自然」〔註9〕和「原始」、「野蠻」〔註10〕等指稱。

　　大體而論,在民國前期中國歌謠學的相關研究中,「民」的含義與以下幾組命名關聯:

　　　　民間、民眾;

　　　　平民、鄉民;

　　　　俗人、蠻人。

若把其中暗含著與「我們」——知識界的對應揭示出來的話,便可大體見出如下比較:

　　　　「民眾」:　　　　　　　　　　「我們」(士、知識界):

　　(1)底層的:民間、平民、庶人——居中的:士人、智識階級

　　(2)多數的:大眾、民眾、百姓——少數的:精英、代言者

　　(3)原始的:文盲、村夫、蠻人——文明的:文人、城裏人、教化者

　　此種對照所借助的是一種依存關係。彼此互證,無「他」即無「我」。簡化來看,它的基本模式其實就是「雅-俗」和「文-野」的並舉對立。其中,「我們」是「文」和「雅」,「民眾」則在「野」和「俗」。「野」和「俗」既包含「自然」、「率真」、「新鮮」乃至「奔放」、「自由」等值得讚賞的價值,又有「落後」、「粗鄙」乃至「淺薄無聊」等令人遺憾的一面。

〔註5〕　容肇祖:〈北大歌謠研究會及風謠調查會的經過〉,中山大學歷史語言研究所,《民俗》第15～16、17～18期,1928年7月1日、7月25日。

〔註6〕　中山大學歷史語言研究所・民俗・發刊詞》,1928年3月21日。

〔註7〕　周作人:〈歌謠〉,《自己的園地》,1923年9月;〈中國民歌的價值〉,北京大學《歌謠周刊》,第六號,1923年1月21日;〈歌謠與方言調查〉,北京大學《歌謠周刊》第三十一號,1923年11月4日。

〔註8〕　鄭振鐸:〈何謂俗文學〉,《中國俗文學史》,東方出版社,1996年,頁1～13。

〔註9〕　朱自清:〈粵東之風・序〉,《民國叢書》第四編(60),上海書店1983年影印版,頁7～11。

〔註10〕周作人:〈我的雜學〉,《周作人民俗學論集》,上海文藝出版社,1999年,頁1～39。

　　通過這樣的對照，以「我們」自稱的知識界人士，便產生出了看待「民眾」的雙重眼光及其可隨時應變的兩重策略：當欲以「自然」、「率真」和「民間」、「大眾」等來對抗貴族、聖賢的「官方文化」時，「我們」就讚美和肯定「俗」、「野」，甚至不惜融入其中；而當需要確認「文明」、「進步」以及智識階級的「時代使命」時，「我們」就得掉轉頭來，與「粗鄙」、「野蠻」劃清界限，呼喚對「民智」的開啟及改造了。

　　進而論之，由於「民眾」只是作為被關注的「對象」和變動著的「第三人稱」存在於「我們」的各種論說裏，也就意味著其實際上是不斷地被製造和被轉述在「知識界」所循環傳播的「知識流」——亦即關於「民」的「知識言說」當中。

　　為了對此加以討論，還得對所謂「我們」再作分析。無論以「文人」、「學者」還是「智識階級」、「知識分子」等來稱呼，此時言說「民眾」的「我們」並非完整統一的整體，而實在是內涵繁多、構成各異。就舉「北京大學」為例。其在蔡元培掌校的前後十年，非但經歷了由最初的「太腐敗」到後來的「太激進」，成員中間也分別兼容過由大學堂沿繼下來的「老爺式學生」與留洋歸來的「自由式教授」，以及「絕對提倡白話」的胡適諸君和「極端維護文言」的黃季剛等人〔註 11〕。擴展來看，首都、縣城，北方、南方，報館、學校⋯⋯無處不有「知識界」的內部差異。

　　據後來有的論者概括，晚清以後中國的「新知識界」（新知識群）當中，至少包括了三種不同的人，即：留學生、國內學堂生與接受西學的開明士紳〔註 12〕。可見作為一個言說「民眾」的群體，「我們」的含義既模糊又駁雜，只能在具體的言說裏呈現和限定。另一方面，也正因有著知識界自身的這種駁雜和模糊，彼時經由其所言說出來的「民眾」身份與形象自然也就會顯得多種多樣，有時還難免矛盾對立了。一句話，沒有一個實存的完整知識界，於是也就沒有一個統一的被言說「民眾」。

　　可相對於無言和缺席的「民眾」來說，知識界畢竟是一個可以相互交流甚至能同官方溝通的群體，因此「關於民眾」的種種言說，便能夠經常地經由「各自發明」和「相互引用」而在彼此間播延開來，成為外在於「民眾」、

〔註 11〕 蔡元培：〈我在北京大學的經歷〉，1934 年，《中國精神：百年回聲》，單純等編，海天出版社，1998 年，頁 74～82。

〔註 12〕 桑兵：〈自敘〉，《清末新知識界的社團與活動》，三聯書店，北京，1995 年，頁 1～8。

可供圈內人分享乃至影響當局的「共識」。在一定程度上還可以說，知識界正是通過這樣的「分享」和「影響」，凝聚成某種「知識共同體」，從而不但消減了自己在實際生活中作爲個體而存在的寂寞、孤單，並且通過對社會實踐的參與而實現其「天下己任」的價值。

新學界與「知識流」

> 這時不算苦，
>
> 二四加一五；
>
> 滿天紅燈照，
>
> 那時才叫苦。

這首被民國前期教授們徵來登在《北京大學日刊》上的民間歌謠，據稱流行於庚子（或甲午戰爭）之後。刊登者解釋說，其出於「拳匪」之歌謠，「即俗且奧」，或謂「追想亂時」，難以確知，云云。僅「拳匪」、「亂時」、「俗」、「奧」數語，便已可見出「論者」同「歌者」間的差距及其與前朝記憶的潛在關聯了。〔註13〕

民國沿自晚清。晚清之際，王朝治下的中國出現了一影響深遠的變革潮流，這就是從維新士紳的「新民主張」到革命黨人的「三民主義」。其中的一個突出特點便是對「民」的發現。

光緒二十二年（1896），梁啓超主筆上海《時務報》，在以「變法通議」爲題的論說中對傳統社會展開批判，指出國家致弱的由來在於「民智不開」，而民智不開的原因在於自秦始皇以來「愚黔首，重君權」所致〔註14〕。在此種認識的基礎上，梁啓超與一批少數「得風氣之先」的知識分子以古論今並援引西學，「要求調整治者與被治者的關係，拉平君與黔首的地位」〔註15〕，直至言說「民主」、議論「民政」、倡導「民權」。梁啓超一方面指出「當知三代以後，君權日尊，民權日衰，爲中國致弱之根基」，〔註16〕並以「三世進化」

〔註13〕參見〈周作人教授之信〉、〈關延齡君之信〉，《北京大學日刊》，1918年10月15日。

〔註14〕梁啓超：〈學校總論〉，《時務報》，第五冊。

〔註15〕張朋園：〈啓蒙思想與鼓吹革命〉，《梁啓超與清季革命》，臺灣中央研究院近代史研究所專刊（11），1999年，頁35～58。

〔註16〕梁啓超：〈西學書目表後序〉，《飲冰室文集》之一，臺北，中華書局，1950年，頁128。

思想論說由「多君之政」到「獨君之政」再到「全民共政」的必然；〔註17〕
另一方面又對中國社會僅有「君史」而無「民史」的之現象提出了批判，認
爲正因如此，才導致「君權日益尊，民權日益衰」。〔註18〕爲了尋找解決途徑，
梁啓超提出了著名的「新民」主張。

「戊戌變法」失敗之後，梁流亡日本，借「東洋」之地於光緒二十八年
（1902）創辦《新民叢報》。該報的「發刊告白」明確提出：「本報取大學新
民之意，以爲欲新我國，當先維新我民。」〔註19〕隨後又發表了一系列有關
「新民說」的文章，重論「民」與「國」之關係，把民權存無與國家興衰等
同起來，鼓吹「民權興則國立，民權滅則國亡」〔註20〕。

《新民叢報》同時在日本和中國兩地行銷，創刊半年的發行數量即達五千。
其「第一、二號曾經三版發行……內地還有人翻刻，數字無法估計」〔註21〕。
梁啓超本人感慨說，「啓超復專以宣傳爲業，爲新民叢報、新小說等雜誌，
暢其旨義，競喜讀之。清廷雖嚴禁，不能遏，每一冊出，內地翻刻本輒十數。
二十年來，學子之思想，頗蒙其影響。」〔註22〕黃遵憲稱《新民叢報》的文
字「驚心動魄，一字千斤。人人筆下所無，卻爲人人意中所有，雖鐵石人亦
應感動。從古至今文字之力之大，無過於此者矣。」又說「此半年中，中國
四五十見家之報，無一非助公之舌戰，拾公之牙慧者。」〔註23〕嚴復致函梁
啓超，言自己閱叢報文章「首尾循誦，風生潮長」，感到其乃爲「亞洲二十
世紀文明運會之先聲」〔註24〕。後世論者對此的評價是，通過這樣的廣泛影
響，梁啓超不愧爲那個時代「言論界的驕子」〔註25〕。

〔註17〕 梁啓超：〈論君政民政相嬗之理〉，《時務報》，第41冊，頁1。
〔註18〕 梁啓超：〈西學書目表後序〉，《飲冰室文集》之一，臺北，中華書局，1950年，
　　　　頁128。
〔註19〕 《新民叢報》第1號，1902年。
〔註20〕 〈論政府與人民之權限〉，《新民叢報》第3號。
〔註21〕 參見張朋園：《梁啓超與清季革命》，第七章〈言論界的驕子〉，臺灣中央研究
　　　　院近代史研究所專刊（11），1999年，頁182～233。
〔註22〕 梁啓超：《清代學術概論》，頁76～83。
〔註23〕 〈光緒二十八年四月黃公度致新民師函文書〉，《梁啓超年譜》，頁150。轉自
　　　　張朋園：〈言論界的驕子〉，《梁啓超與清季革命》，臺灣中央研究院近代史研
　　　　究所專刊（11），1999年，頁219。
〔註24〕 嚴復：〈與新民叢報論所譯原富書（壬寅三月）〉，《新民叢報》，第七號。
〔註25〕 張朋園：〈言論界的驕子〉，《梁啓超與清季革命》，〈第七章〉，臺灣中央研究
　　　　院近代史研究所專刊（11），1999年，頁182～233。

　　梁啓超等維新人士提出的「新民」主張，站在國家興亡的高度，重新討論「君」「民」關係，核心在於「興民權」和「開民智」：民權不興，國家將亡；而欲興民權，先開民智。而也正因認為「民智未開」，他們便主張「借勤王以興民政」或「君民同體」、「君民合治」〔註26〕。而在他們看來，能促使這一切實現的，便是獨立於被言說對象之外的「新知識群」——自由知識分子與職業革命家；亦即「後科舉時代」仍居社會中間的「士大夫」。

　　與此同時，雖有反對派指出「民權之說一倡，愚民必喜，亂民必作，綱紀不行，大亂四起」〔註27〕，又：「人人平等，權權平等，是無尊卑親疏也。……平則一切倒行逆施」，「治之下者，大權不可旁落，況下移於民乎？」〔註28〕因而對維新者大加發難；但仍有今天的論者認為梁啓超等人提出的「民權」口號不過是其「紳權」主張的外表而已，指出：「維新派接受了西方資產階級的民主思想，在他們的報刊上，提出了『民權』的口號」。但是「西方資產階級所講的民權，其實是資產階級之權。維新派有時明確地說，他們所要的乃是『紳權』。梁啓超說：『欲興民權，宜先興紳權』（梁啓超：〈上陳寶箴治湖南應辦之事〉）」。究其原因，此看法進一步分析說：「維新派是以批評封建制度和『為民請命』（自稱是全體人民的代表）的姿態而登上歷史舞臺的，但是他們並不瞭解人民大眾。」〔註29〕

　　梁啓超等眼中的「民」是什麼呢？根據對中國古代「革命」史的描述，梁啓超把社會群體分為了三等，即上等社會、中等社會和下等社會；而所謂下等社會，就是「民」。只不過以過去的「革命」起事者來看，其多為「盜賊」之輩，「血管內皆含黃巾闖獻之遺傳性也」。〔註30〕這可說是梁啓超在「官史」的敘述傳統裏所作的順延。但接下來，為了倡導「民」「國」維新，他又敢於打破「三等」之分，呼喚包括「盜賊」在內的「國民」合一，且表達得洋洋灑灑，鏗鏘有力：

　　　不管他上等社會，中等社會，下等社會，九流三教，但使有愛國的熱

〔註26〕康有為：〈上清帝第二書〉，《戊戌變法資料》第二冊，頁153。

〔註27〕張之洞：《勸學篇·正權》。

〔註28〕曾廉：〈上杜先生書〉，《庵集》，卷十二。

〔註29〕胡繩：《從鴉片戰爭到五四運動》，上海人民出版社，1982年，頁642、667。

〔註30〕梁啓超：〈中國歷史上革命之研究〉，《辛亥革命前十年間時論選集》第一卷下冊，頁805、811。轉引自胡繩：《從鴉片戰爭到五四運動》，上海人民出版社，1982年，頁904～905。

血，只管前來。不論那一人政體，寡人政體，多人政體，立憲、共和，但能除專制的魔王，何妨試辦。就他是哥老會、三合會、大刀會、小刀會，些些不同，但起得革命軍、勤王軍、獨立軍、國民軍，件件皆可。〔註31〕

清末民初，對「民」的發現起到廣泛作用的另一思想主潮是以孫中山為代表的革命黨人所提出的「三民主義」。

有關孫、梁之間，也即「維新派」與「革命黨」之間的分、合故事，後人已講述過不少，此處不論。值得注意的是，在「民」的發現這點上，他們其實一同塑造了那時的「新知識界」。

1896 年，底層出身的孫中山〔註32〕遠行美國，在「西洋」奠定了「三民主義」的基本思想〔註33〕。九年之後（1905），又東至日本，建立「同盟會」，創辦鼓吹革命的《民報》，將「三民主義」正式向世人公佈開來：「余維歐美之進化，凡以三大主義：曰民族，曰民主，曰民生。」此三大主義的核心是什麼呢？孫中山通過《民報》「發刊詞」一語概括之：「三大主義皆基本於民。」

後來的「辛亥革命」證明，孫中山的「三民主義」不但為傳統中國從「帝國」轉為「民國」提供了直接的思想資源，而且在重新「發現民眾」並「動員民眾」的言說與實踐上，為「新知識界」的認同、凝聚創造了前所未有的「話語」（discourse）空間。

與此處討論的主題相關，比較而論，孫中山的「基本於民」思想具有如下特點：

其一，從生存、發展的角度劃分人類進化階段 孫中山指出：（1）從生存上看，人類基礎在於「保養」二字；「保」就是自衛，「養」則是覓食；各自保養，便生競爭；（2）從起源上看，20 萬年前，人獸無別；20 萬年起，人獸相分，始有文化；（3）從發展上看，「保」、「養」衝突，促成人的奮鬥，要奮鬥就要用權，「權」（根據西文語義）與「力」等同；而因為進化，引發不

〔註31〕梁啓超：《新羅馬傳奇》第二齣，《新民叢報》11 號。
〔註32〕孫中山出生在廣東的貧寒家庭。父親孫達成早年在澳門當鞋匠，後回鄉務農併兼任村中更夫。孫中山自幼就開始勞作，因而「早知稼之艱難」。參見賀淵：《三民主義與中國政治》，社會科學文獻出版社，1998 年，頁 14。
〔註33〕關於「三民主義」何時形成的說法較多，此處採用形成於孫中山「訪美期間形成」一說。參見〔德〕海法特（H. Herrfahrdt）：《孫中山傳》，中譯本，王家鴻譯，中山學術文化基金會編譯，臺灣商務印書館，1978 年，頁 66。

同時代——

第一時期，「洪荒時代」：人獸相鬥，但只憑力氣，無須用權；

第二時期，「太古時代」：人同天爭，畜牧耕作，文化初生，神權創始；

第三時期，「歷史開創」：人同人鬥，國與國爭，君權獨攬；

第四時期，「進入現代」：民與君鬥，建立民權。〔註34〕

其二，以世界格局審視中國「民權」　由於遊歷歐美，視野擴大，孫中山具有了從世界反省本國的眼光，認為：雖說現在歐美是成立了民國，實現了民權，但中國古人也曾有過相似的思想；所以我們要希望國家長治久安，人民安樂，順乎世界的潮流的話，非用「民權」不可。〔註35〕

可是「中華民國」之建設基礎是什麼呢？答曰：「主權在民」。即以人民為基礎，改官治為民治。〔註36〕

其三，以現代民權思想批判中國古代君權　孫中山繼而強調民權的思想基礎在於平等，民權主義是提出人民在政治之地位都是平等的，要打破君權、使人人是平等的，所以說「民權」是和「平等」相對待的。〔註37〕但平等並非生而有之，而是人為創造；自然界無平等可言，進入專制社會的君主更是變本加厲。專制者利用君權，進一步強化了人為的不平等，（在中國）製造出如下等級：

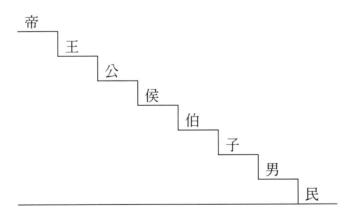

在這種傳統的結構中，「君主」至高無上，「民」則被壓在底層末流。〔註38〕

〔註34〕《民權與國族：孫中山文選》，曹錦清編選，上海遠東出版社，1994 年，頁 67。

〔註35〕同上，頁 76。

〔註36〕《中華民國之建設基礎》，頁 240。

〔註37〕《民權與國族：孫中山文選》，曹錦清編選，上海遠東出版社，1994 年，頁 96。

〔註38〕同上。

如今世界進入現代，故「民與君鬥，倡導民權」已成必然。

孫中山的傳記作者海法特（H. Herrfahrdt）指出，孫被稱爲新中國「國父」或「革命之父」，其所遺留的三民主義是「中華民國的基礎」；孫的思想受西方的影響很大，但根本上說，他「永遠是一個中國人」。〔註39〕

總體說來，作爲一種應時而生的思想資源，清末民初維新人士和革命黨人對「民」的發現，爲整個「新知識界」有關「民眾」的言說奠定了堅實基礎，使得有關「民」的種種看法，能夠以「知識」（主張、學說、理論、話語）的形式不斷在知識界流動、傳播、複製、蔓延，並演變爲後來「歌謠學運動」中學者們參引和發揮的原創「母題」。

由此而論，總結民國前期的歌謠研究，不能限於所謂「歌謠學運動」本身，而應把它放入當時的整個「知識界」，考察有關「民」的發現與論述怎樣在相關言說——也就是在本書形容的所謂「知識流」中發生了互動關聯。這裡的「互動」，以「民」的發現爲例，是指所有相關言說在「知識界」內外的雙向乃至多向流動；此流動中不但難以分辨孰先孰後，而且說不清誰受誰的影響，因此毋寧說是「我中有你，你中有我」，在相互交流的過程中一同營建了知識界分享的關於「民眾」的共識。這樣的交流在當初孫、梁之間發生過一次，接著在孫中山與國內學界間發生過一次，後來又在歌謠研究者同共產黨人之間再度發生：

（1）「維新人士」創辦《新民叢報》，「革命黨人」出版《民報》，儘管針鋒相對，卻都主張關注民眾，倡導「民權」；有此基礎，以至引出梁啓超致書孫文，希冀合作，盼望「我輩握手，共入中原」。〔註40〕

（2）「孫中山將中國知識界流行的『國民』與『共和國』兩個概念結合起來，提出『創立民國』的口號。」這樣的舉動，體現出孫中山與國內知識界關係的一個重要方面，即「雙方在思想上的溝通呼應」。〔註41〕

（3）「五四」時期中國的一批青年學者發起「民間文學運動」，其既是受「新文化運動」鼓舞的結果，又成了後來共產主義者主張「下

〔註39〕海法特（H. Herrfahrdt）：《孫中山傳》，中譯本，王家鴻譯，中山學術文化基金會編譯，臺灣商務印書館，1978年，頁1、65～66。

〔註40〕丁文江：《梁任公先生年譜長編初稿》，臺北，世界書局，1958年，頁140～141。

〔註41〕桑兵：《清末新知識界的社團與活動》，北京，三聯書店，1995年，頁320～326。

鄉運動」和「爲人民服務」的前奏。〔註42〕

總之，清末民初在從維新人士到革命黨人的引發下，經過學界相關新知的交流互動，歌謠研究者們所發現和表述出來的「民」終於成爲了一個具有如下屬性的群體，即：擁有蠻野文化與率眞天性的「底層粗俗大眾」。

這樣的界定一方面配合了「民國」的創建，另方面引導了一個時代的「民歌」採集。

既然「民」被定義爲與「君」和「士」相對的沒有權、不識字同時又擁有被埋沒文化的群體，那麼其文化是怎樣的一種樣式呢？根據新知識界的不斷闡釋，「民」的文化被逐漸勾勒出一個大體統一的面貌，即「民間群體口頭的自然表達」——因爲處於底層，故稱「民間」；因爲不識字，故爲「口頭」；因爲沒有單一作者（或難找出單一作者），故爲「群體」；因爲不受（或少受）名教污染，故爲「自然」表達。這樣一來，在此種以「民間群體」之「口頭自然表達」爲特徵的民眾文化中，最能體現其基本風貌者眞是捨「歌謠」莫屬了。於是「歌謠」之成爲一個時代民眾文化研究的緣起和核心對象當不是意外之事。

何謂「歌謠」

1921 年 1 月，胡愈之的〈論民間文學〉在上海發表。這篇在北京大學「徵集歌謠」之後和《歌謠周刊》出版之前出現的文章，雖沒有被鍾敬文等總結進「北大中心」說的回顧裏，卻被其他論述視爲民國時期中國學界最早較爲系統地介紹和討論「民情」（folklore）和「民間文學」的重要文章〔註43〕。胡愈之（1896～1986，浙江人）以西方關於「民俗學」的研究爲依據，指出研究「民間文學」（「民情」、「民俗」）在歐美發達已久，在中國卻是創舉，因此特撰該文以做引子。

根據胡愈之的介紹與陳述，所謂「民間文學」（「民情」、「民俗」）具有如下要點：

（1）「民間文學」可與西文的 folklore 一詞大略相同，因不易對應，只

〔註42〕 〔美〕洪長泰：《到民間去：1918～1937 年的中國知識分子與民間文學運動》，中譯本，董曉萍譯，上海文藝出版社，1993 年，頁 263～299。

〔註43〕 王文寶：《中國民俗學史》，巴蜀書社，1995 年，頁 190～191；高丙中：《民俗文化與民俗生活》，中國社會科學出版社，1994 年，頁 31～33。

好勉強譯爲「民情學」。

（2）「民情學」所研究的事項有三，「民間文學」位居其一（此外是「民間信仰與風俗」和「民間藝術」），所以「民間文學」是「民情學」的組成部分——並且是最重要部分。

（3）「民間文學」是「原始人類的本能產物」和「民族感情的自然流露」。其基本特徵在於：群體創作、口頭文學（oral literature）以及流行民間。

（4）「民間文學」保存在「野蠻人類」和「文明人類的兒童與無知識人民」中：在前者爲「跳舞」、「神話」和「歌謠」，在後者則是「故事」與「歌曲」。〔註44〕

那「歌謠」的含義是什麼呢？對此，民國前期的「歌謠研究運動」中，學者們曾下過很大工夫加以討論。

周作人說，「歌謠」的字義與「民歌」相同，指「口唱及合樂的歌」；「民歌」就是「原始社會的詩」。〔註45〕胡懷琛的專著《中國民歌研究》指出，民歌就是「流傳在平民口頭上的詩歌」。這樣的詩歌，歌詠平民的生活、沒染著貴族的色彩，沒經過雕琢，「全是天籟」。〔註46〕

汪馥泉的討論別具一格。其開頭先對民歌的生活形態進行繪聲繪色的描繪，然後才進入理論式概括。他以生動的筆調寫道：

我們乘三等電車的時候，時常可以在穿一身藍布小衫的工人底嘴裏，聽到在哼著《泗州調》（略）的「哎——喲，哎——喲」（略）的聲音。跑到只幾個姑娘們在「拖箬葉」的小工作場上，她們有的時候竟整天介在《正月裏來是新春》地哼著。我們在樓上閒坐的時候，時常會有風把「6—｜65｜3……」（《十杯子》底譜子）、「11 12｜32 3｜56 53 ｜2—……」（《孟姜女》底譜子）的聲調送來。跑到街上去，那批叫化朋友，空閒著便在唱「小小無錫城嚇，盤古到如今……」（〈無錫景致〉）了。去年戰爭時，賣小書的朋友把新編的江浙〈戰爭五更調〉等在街上唱介起勁。到我們鄉下去一看，那位有阿Q性朋友「小鬼阿貓」到熱天專門在橋「浪」（即「上」也）拉高了喉嚨，唱他的「姐在

〔註44〕胡愈之：〈論民間文學〉，《婦女雜誌》七卷一號，上海商務印書館，1921年。
〔註45〕周作人：〈歌謠〉，《自己的園地》，1923年9月。
〔註46〕胡懷琛：《中國民歌研究·總論》，民國叢書，第三編（56），上海書店，頁1。

呀，房中呀，打牙牌，……」（〈打牙牌〉）。鄉間識幾個字的小姐們，
在枕頭邊，床面前桌子抽斗裏或香煙匣子裏，總放著些「小調」書；
有的時候，也低聲地唱唱哩。至於「捏鐵把柄」（我鄉「農人」稱呼也）
朋友，他們和「文明世界」太隔離，所以唱的「山歌」也另是一派，
大約是「小長工」、「老長工」、「斷私情」、「結私情」之類……〔註47〕

這段在當時眾多論述中顯得十分新鮮的文字，或許正由於能把「叫化子」
和離「文明世界」太遠的「農人」稱朋友，於是才對「民間歌謠」的風貌做
了可說是極為傳神的勾畫：不僅有人物、有場景而且還有唱詞、有曲調；夾
敘夾議，真切可感。在上引被「略」掉的部分，還對所描述的對象作了細緻
說明，比如原文的「哎—喲，哎—喲」之後，就用括弧加注的方式，補充道：
「聲辭裏的『哎喲』這麼唱的，據我所知，實是『泗州調』底一個特徵」；在
〈無錫景致〉的後面，解釋說「叫化朋友底真正所謂〈討飯調〉，聽說也有種
種調子的，但不詳。」接下來，文章的作者先續表一番感歎——「大哉，民
歌之普及民間也，蕩蕩乎，我將怎樣說它比紅樓、水滸、詩經、楚辭底勢力
大得萬萬千也？」然後才開始對何謂「民歌」試作概括，言「民歌」就是：
把一種大家共感的感情，用聲音自然的言語－文字表現出來的東西。〔註48〕

不過，在同一時期從理論上對「歌謠」加以系統界說的，當數朱自清和
他在大學課堂開講的「歌謠」課程及其延伸成果《中國歌謠》。1929年，被聘
為清華大學教授的朱自清開設了「歌謠課」，因在當時保守的中國文學系裏屬
「首開」之課，「在學程表上顯得突出而新鮮，很能引起學生的興味」〔註49〕。
課程前後持續了大約三年。儘管當時授課用的講義《歌謠發凡》中經鉛印本
《中國歌謠》的增補，在二十年後才正式出版，其對「歌謠」含義的理論梳
理仍給人留下了深刻印象。這樣的印象，一是見於朱的弟子王瑤等人後來的
回憶〔註50〕，一是見於幾代同行的稱讚評說。有的視其為中國「歌謠學」的
奠基作品〔註51〕，有的則稱之為「民間文學課程的發端」〔註52〕。

〔註47〕 汪馥泉：〈民歌研究底片面〉，1925年，鄭振鐸編：《中國文學研究》，《小說月
　　　　報號外》，1927年，商務書局，《民國叢書》第二編（59），上海書店影印本，
　　　　1983年，頁1～33。

〔註48〕 同上，頁1～33。

〔註49〕 參見浦江清：〈跋記〉，朱自清：《中國歌謠》，作家出版社，1957年，頁213
　　　　～214。

〔註50〕 王瑤：〈念朱自清先生〉，收入朱金順編《朱自清先生資料》，

〔註51〕 朱介凡：《中國歌謠》，臺北，中華書局，1983年第2版，頁52。

　　朱自清對「歌謠」的界說，先是從漢語的字面意義上進行梳理，指出中國所謂「歌謠」的意義向來極不確定，不是合樂與徒歌不分，便是獨創與群作不明，大體只能是指「口唱及合樂的歌」；接著以「五四」為界，認為「我們」對於歌謠的正確認識始於其時。參照西方學者的論述，此種關於歌謠的「正確認識」與「民歌」（folk-songs 或 people's song）一詞最為切合。其中的「民」，指不大受文雅教育的社會；「歌」則指不以印本形式留存，而只「在民眾口裏活著」的群體傳唱。〔註53〕在 1928 年為羅香林《粵東之風》寫的序裏，朱自清也強調過「歌謠」的特點在於「唱」，而惟其「以聲音的表現為主」，故「真正的民歌」字句大致都很單調，僅供耳聽，難以文傳：佳處只在聲音，不在文字。〔註54〕

　　據今人考證，朱自清雖不受後來總結「歌謠學運動」的主流論說重視，甚至顯得像一個歌謠學運動中的「背影」，但在其登上清華大學講堂首開「歌謠課程」的前後，顯然是認同並接受了該「運動」基本主張和做法的。〔註55〕朱自清的同代好友、為其著寫跋的浦江清曾在日記中寫道，「佩弦（朱自清字）方治歌謠學，從周作人處借來數種書研讀」〔註56〕。而從《中國歌謠》裏對當時歌謠研究界相關論述的大量參引和深入評述來看，朱自清對「歌謠」含義所作的分析和判斷，應當說是具有相當代表性的。

　　這樣，既然「歌謠」屬於底層民眾的口頭傳唱，沒有文字傳承，又不受正統官書重視，長期消隱在民間社會看不見的日常底層之中，所以要想研究的話，首要任務只能是先行採集──若無材料的齊備，所謂歌謠研究只能停留在「好事者的談助」之上〔註57〕。也就是說，要想真正認識民眾，就得瞭解「民情」（folklore），而要瞭解民情，就得去採「民歌」。

　　可見，從「民」的發現到「歌謠」的採集，「歌謠學運動」的參與者們實際走著一條由「民」而「學」，又由「學」而「民」的循環往返之路。

〔註52〕賀學君：〈關於歌謠運動的文學考察〉，中國民俗學會等編：《中國民俗學年刊》，1999 年創刊號，上海文藝出版社，1999 年，頁 79。

〔註53〕朱自清：〈歌謠釋名〉，《中國歌謠》，作家出版社，1957 年，頁 1～8。

〔註54〕朱自清：〈粵東之風・序〉，《民國叢書》第四編（60），上海書店 1983 年影印版，頁 7～11。

〔註55〕梁昭：《一個被忽略的「背影」──論朱自清的〈中國歌謠〉》，四川大學中文系 2001 屆學士論文，打印稿，2001 年。

〔註56〕浦江清：《清華園日記・西行日記》，三聯書店，1987 年，頁 13。

〔註57〕朱自清：〈歌謠的歷史〉，《中國歌謠》，第三章，作家出版社，1957 年，頁 63～129。

如何「採歌」

在討論當時的學者「採歌」之前，有必要介紹一段關於歌謠是否該採的有趣論爭。對於存活在民眾口頭傳唱之中的歌謠事相，顧頡剛和常惠都認爲記錄的文字不能再現它的眞實風貌。顧頡剛以古代被記錄在詩經裏的國風爲例，指出它們一旦由文人、樂工寫下，就都不是原來的「本相」了。常惠懷疑文字能夠再現歌聲，斷定其無法表達聲調和情趣，故「一經寫在紙上，就不是它了」。〔註58〕

朱自清又舉出一位有趣的西方老太太爲例，介紹說這位老人相信民間的歌謠本是做了唱的，擔心它們會因記錄印刷而遭毀壞。爲此，朱自清特地作了一番細緻的分析、總結，指出：

> 歌謠起於文字之先，全靠口耳相傳，心心相印，一代一代地保存著。它並無定形，可以自由地改變、適應。它是有生命的；它的成長與發展，正和別的有機體一樣。那位老太太從這個觀點看，自然覺得印了就是死了——但從另一面說，印了可以永久保存，死了其實倒是不死呢。〔註59〕

既然文字可以使民歌通過記錄而永久保存（「死而未死」），開展歌謠研究的當務之急自然就是要採集民歌。不過這裡的「採集」二字值得加以分析。其實際從根本上反映出學者與民歌的隔離，或者說研究者們的手上、面前和書中還不存在民歌。

那麼怎樣才能使「民歌」現身呢？解決的辦法本來可以有兩種：「到民眾中去」和「從民眾中來」。以北京大學教授爲代表的初期研究者主要選擇了後者——登報徵集。該校《簡章》曰：

> ……
>
> 一、本校教職員學生各就聞見所及自行收集
>
> 二、囑託各省官廳轉囑各縣學校或教育團體代爲收集〔註60〕

表面看來，此法既省事又見效；通過委託，廣徵博集。於是相應的「啓

〔註58〕 常惠：〈我們爲什麼要研究歌謠〉，鍾敬文編《歌謠論集》，上海書局《民國叢書》（四）1989 年影印版，頁 303～312。

〔註59〕 朱自清：〈歌謠的起源與發展〉，《中國歌謠》，第二章，作家出版社，1957 年，頁 9～62。

〔註60〕 參見〈北京大學徵集全國近世歌謠簡章〉，《北京大學日刊》，1918 年 2 月 1 日。

事」便一再刊登，使這種「徵集」的辦法一時間竟成為瞭解「民歌」的主要
模式。從一方面看，無論是由本校教職員或學生「自己收集」還是轉託各省
官廳團體「代爲辦理」，此方法的後面基本上見不到歌者的身影，仍僅限於「知
識界」（讀書人、識字者）的圈子中。另一方面，這種經過號召的廣泛徵集，
畢竟引發了眾多人士的參與興趣，從而把「歌謠學」的影響拓展至校園以外，
使其在學術動員的意義上成爲一場「運動」。

　　當然，「徵集」只是「採集」的一種，或者說是「採集」的擴大、變形。
究其原因，周作人的事例可作一說明。作爲「歌謠學運動」的主要當事人，
周對兩種辦法都曾兼顧。當年還在紹興任職時，他就表示說打算採集民歌，
「以存越國土風之特色」，並使之成爲民俗研究乃至兒童教育的資料。但因
「事體繁重，非一人才力所能及」，不得不登報徵集，求告「當世方聞之士」
協助參與。不料一年已滿，響應寥寥，又不得不自己動手，親自採集，得兒
歌兩百左右。〔註 61〕有意思的是，進入北大後，周作人不但又再度參與歌
謠徵集的發動（修改徵集簡章，分發各省），而且還把自己當年在紹興登過
的那份「啓事」在《歌謠周刊》上重新轉載。他參與執筆的《徵集簡章》和
「發刊詞」一方面指示了歌謠徵集的範圍、要求、體例，以及對提供者（投
稿人）的承諾（出版歌謠彙編），一方面解釋了徵集的基本目的（文藝借鑒、
學術研討），並且再次重申：這個事業非常繁重，沒有大家的幫助斷不能成
功。〔註 62〕

　　這樣，僅北京大學的《歌謠周刊》一處，據初步統計，從民國十一年
十二月到十二年六月的大約半年裏，「總計投稿的省份就有二十二省、二特
別區（京兆及熱河），共得到（歌謠）三千六百八十九首」〔註 63〕，成效不
可謂不大。

　　在這當中，其實已包括著屬於「間接徵集」與「直接採訪」的兩種不同
類型。前面提過常惠認爲文字難以載「歌」，其中的主要原因是他覺得別人寫
在紙上的東西「一點靠不住」，故非得親自到民間去收集不可。於是他便身體
力行，在家中向侄兒，甚至向乞丐「訪問歌謠」，聽錄到了不少民間的直接歌唱。

〔註 61〕周作人：《潮州歌集序》。

〔註 62〕周作人：〈歌謠周刊發刊詞〉，《歌謠周刊》第一號，1922 年 12 月 17 日。

〔註 63〕容肇祖：〈北大歌謠研究會及風謠調查會的經過〉，中山大學歷史語言研究所：
　　　　《民俗》第 15～16、17～18 期，1928 年 7 月 1 日、7 月 25 日。

只是不曾料到此舉竟遭旁人譏笑，被說成是「孩子氣」和「瘋子」，〔註64〕足見在當時的環境裏，即便願意到民間採集，困難和阻力也比想像的大。這樣來看，那些哪怕間接徵集上來的成百上千首民歌，其意義也就十分重大了。

除了所謂「直接採訪」與「間接徵集」外，當時的民歌採集還有另外一種辦法，那就是「輯錄」。輯錄的意思是指從相關文獻裏發掘民歌。這一點在後來的北大「風俗調查會」等組織所強調的宗旨裏體現得十分突出。該會於1923年5月24日創建，成立之日就當場對將要實行的調查方法做出決議，把「書籍上之調查」列在第一，排在了「實地調查」的前面。〔註65〕由這種「輯錄」引申出來的最大收穫是學者們對明清李調元《粵風》和馮夢龍《山歌》的重新發現與歡呼。〔註66〕

不過這也派生出一個與初衷有所相悖的問題。最初的歌謠徵集是把時段定爲「近世」的，意指尚還在民間繼續流傳的眞實歌唱，也就是把民歌視爲存在於民衆口頭的「活文化」；而也正是這種民間「口頭的活」，才與文人「書本的死」形成對比，體現出其值得張揚的生命力。因此如若把前朝文人的載錄也算進來，豈不擾亂了二者的分別？並且一旦同樣都變成了文字記載，又怎樣劃清古與今、雅與俗之間的界限呢？也就是說，有一點必須闡明的是：「我們」的採集與聖賢的書寫差異何在？這問題關係重大，留待後文分析。此處接著說如何記「歌」的事。

依照顧頡剛的觀點，「歌謠」入史，古已有之。《詩經》就是典型一例。但民間歌唱至少同時包括「樂」和「辭」兩個部分，然而一經文人、樂工分別採錄，就失去了它的本相——不是改變了「本辭」，就是改變了「本樂」。朱自清在顧的看法基礎上作了發揮，認爲《樂府》的歌，原先「本辭」簡單明白，入樂之後反倒變得繁複拖沓；至於後世《古謠彥》等著作，因「全係轉錄故書，非從口傳寫錄者可比」，所以「仍未必爲眞相」。以此爲前提，朱自清對歌謠上的古今作了界定，凡至今已無流行從而「可資參證」者，均爲「古歌謠」。這裡，朱自清其實不過是在對北大《歌謠徵集簡章》所提出的「近

〔註64〕常惠：〈我們爲什麼要研究歌謠〉，鍾敬文編《歌謠論集》，上海書局《民國叢書》（四）1989年影印版，頁303～312。

〔註65〕容肇祖：〈北大歌謠研究會及風謠調查會的經過〉，中山大學歷史語言研究所：《民俗》第15～16、17～18期，1928年7月1日、7月25日。

〔註66〕顧頡剛、鄭振鐸、錢南揚和周作人爲《山歌》所作的序、跋。《山歌》，上海傳經堂1935年排印本，江蘇古籍出版社，1999年重印。

世」說予以重申和強調罷了。值得注意的一點是，或許是因爲要強調「活的流傳」，朱自清特別突出了「當代」二字，認爲其便是所謂「近世」的界說。「這個界說本身也許不很確切，但極便應用」。〔註67〕

口頭與文字的離合尚且如此，對於民歌中的「樂」又怎麼辦呢？民國七年北大的徵集《簡章》第八條要求說「歌謠之有音節者當附注音譜」，然後還用括弧具體說明記譜的方式可以有三：中國工尺、日本簡譜和西洋五線譜均可。考慮不可謂不周。可惜實際做到者除前引汪馥泉等特例中的一點表現外，實在太少。雖有人建議採用錄音的辦法彌補〔註68〕，然而直到朱自清撰寫《中國歌謠》專著時，仍不能不感歎說對於歌謠音調的眞正收集寫錄，「幾乎還未動手呢！」〔註69〕

事實上，除了尚未系統地採用輔助器械（如錄音機等）外，音樂界對民歌的關注和採集大約在同時就已開始了，只是所謂「歌謠學運動」的發起人多半集中在文學的圈內，故對此缺少溝通而已。而這又需要回過頭來，反省一下當時究竟都有什麼人、從什麼樣的角度、用什麼樣的方法在對「民歌」進行採集了。

答案顯然不僅在「北京大學」或「歌謠學研究會」之內。

「採歌」作何

根據現有的文獻來看，民國前期北大「歌謠研究者們」之所以發起對民歌的採集，原因主要有二，一是過去對民眾生活的記載太少，一是口傳文化需要實錄。至於採集目的，徵集者業已反覆申明，那就是：收集資料，以利學術；引申開來則是再造民間，重建歷史。這樣看來，民歌之被大量採集，其實只是被當作學者們的資料，供研究，供應證，供發揮。此過程的步驟大致是：調查——整理——研究——利用——。

具體而論：

〔註67〕朱自清：〈歌謠的起源與發展〉，《中國歌謠》，作家出版社，1957年，頁64。

〔註68〕這樣的辦法常惠和朱自清都提出過，參見常惠〈我們爲什麼要研究歌謠〉，收入鍾敬文編《歌謠論集》，上海書局《民國叢書》（四）1989年影印版，頁303～312；朱自清：〈歌謠的起源與發展〉，《中國歌謠》，章作家出版社，1957年，頁64。

〔註69〕朱自清：〈歌謠的起源與發展〉，《中國歌謠》，章作家出版社，1957年，頁64。

1、調　查

調查的方式包括採集、徵集和輯錄，並有「直接採訪」和「間接徵用」之分。以當時歌謠研究的進展而論，「調查」用語的出現要晚一步，但它的登場卻意味著好幾層新意。首先是對「採集」的突破。如果說「採集」（包括徵集和輯錄）尚帶有舊時的「采風」遺迹的話，「調查」顯得更具有現代色彩，對調查者「到民間去」、「到現場去」的強調更爲突出；在方法上也體現了科學實證方面的要求。此外是從「民歌」向「民俗」的擴大，即開始把歌謠的範圍延伸到整個的民間社會與民眾生活之中。按理說這原是「民歌研究」之發動者們的本意，不過在起初倡導以歌謠開頭和爲基本對象罷了。

1923 年 5 月，在歌謠徵集工作開展了將近四年之後，北京大學又成立了一個與歌謠研究會並列的學術組織——風俗調查會，使隸屬在其「國學門」下面的研究機構進一步擴充。據容肇祖回憶，「風俗調查會」的來由，源於常惠提出組建「民俗學會」的動議。後來有人主張以「風俗」爲名——因爲此二字甚現成，且能與西文的 folklore 對應——經討論後被採納，遂有後來的名稱。這裡暫且不論風俗與民俗之間的明顯差別，僅就其「調查」一語來看，便不難見出其對最初（歌謠）「徵集」的改進。該會成立後決定「先事文字上之調查」，一方面組織會員選擇北京近郊進行試驗，一方面將專門製作的調查表大量印發，發動相關師生廣泛參與實地調查（可利用暑假），要求在調查中「以具體的事實爲依據」，並規定調查的對象是包括民歌在內的「全國風俗」。「風俗調查會」發動組織的突出成就之一，是顧頡剛等人於 1925 年對京郊「妙峰山」民間進香風俗實地調查後整理發表的一份報告。〔註70〕報告發表，影響頗大，被譽爲打破學界對待民眾之暮氣的「霹靂」。〔註71〕

一年以後（1924），同屬於北大國學門的「方言調查會」又告成立。其「宣言書」先對由號稱國學門「老大哥」的「歌謠研究會」〔註72〕所開創的

〔註70〕顧頡剛：《妙峰山》，影印本，上海文藝出版社，1988 年。

〔註71〕妙峰山調查在學界影響頗大，何思敬在讀了《妙峰山進香專號》後指出：在當時社會的知識分子中存在一種對於民眾生活知識缺乏和態度冷漠的「暮氣」，妙峰山調查便是打破此種「暮氣」的「一個霹靂」。見《民俗》第四冊，上海書店影印本第一冊，1983 年 12 月。有意思的是，時隔 80 年，此次調查被視爲「中國現代民俗學田野調查的源頭」，並致使有關各界在妙峰山立碑樹傳，特別紀念。參見《中國藝術報》，2005 年 5 月 13 日。

〔註72〕把「歌謠研究會」稱爲北大國學門「老大歌」的提法出於常惠。參見其〈一年的回憶〉，《歌謠週年紀念增刊》，1923 年 10 月 7 日。

事業加以首肯，稱：「自北大歌謠研究會成立，頗得國中人士的響應，而一般社會也覺得我們民間遺傳的一切文藝與習俗有保存的價值」，然後宣佈該會的宗旨是對全國方言進行「詳細透徹的調查」，並具體闡明了七項相關任務，其中包括調查「殖民」（移民、遷徙）歷史、考訂「苗夷異種」的語言等。〔註73〕有意思的是，該會的主要倡導者又是北大歌謠徵集活動的發起人劉半農教授。〔註74〕對此，顧頡剛曾在南方的廣州有過一番總結，曰：

> 要研究歌謠，必須有歌謠的材料，又必須有幫助研究歌謠的材料。北京大學設立了歌謠研究會之後，所以設立風俗調查會、方言調查會，就是希望覓得這些幫助研究歌謠的材料來完成歌謠的研究。但這些幫助研究的材料一經獨立後，又需要許多他種幫助研究的材料了。〔註75〕

後來，北京的《歌謠周刊》因故暫停。「一停就停了十年多」。直到民國二十四年才由北大文科研究所決定恢復重辦。重新問世的《歌謠周刊》「復刊詞」由曾經號稱「新文學」主將的胡適撰寫。胡適的出場意味著這一時期的歌謠研究有了新的改變。

胡適首先肯定北大《歌謠周刊》是中國歌謠徵集與歌謠研究的「唯一中心」，然後強調歌謠收集和保存的最大目的在於爲中國「新文學」服務──「爲其開創一塊新的園地」。〔註76〕接著在參與了「風謠學會」的發起組建等相關活動之後，胡適明確提出了開展「全國性歌謠調查」的主張，潛在地暗示以往的「徵集」既不系統又不精確，倡導要像（自然科學中的）地質調查、生物調查和方音調查一樣，對中國歌謠進行有計劃、有系統的全方位瞭解，掌握它的存在類型和整體分佈，力爭在二三十年內製作出大規模的更精密的「全國歌謠分佈流傳區域圖」，以資學術研究的更好利用。〔註77〕

可惜還沒來得及見到各界的普遍回應，《歌謠周刊》自身就又夭亡了。

2、整　理

既然「歌謠」主要是當作資料收集上來供學者研究之用的，就難免需要像有待處理的素材一樣，還得經由收集者再作整理了。整理的辦法，主持《歌

〔註73〕〈北大研究所國學門方言調查會宣言書〉，《歌謠周刊》47號，1924年3月16日。
〔註74〕王文寶：《中國民俗學史》，巴蜀書社，1995年，頁213～214。
〔註75〕顧頡剛：〈廣州兒童集歌序〉，《民俗周刊》，第17、18期，中山大學歷史語言研究所，1928年7月25日。
〔註76〕胡適：〈歌謠周刊·復刊詞〉，《歌謠周刊》第二卷第一期，1936年4月4日。
〔註77〕胡適：〈全國歌謠調查的建議〉，《歌謠周刊》第三卷第一期，1937年4月3日。

謠周刊》編輯的常惠提出主要有三種：分類、標音和注釋。分類的問題十分複雜，以至在很長時間內相互爭論不休：客觀說、主觀說，由「情」分，按「意」分……各不相讓。〔註78〕標音和解釋都針對歌詞的讀音而言。前者主要包括漢字記音和羅馬字記音兩種，目的是幫助讀者瞭解所錄歌謠的特定讀音，後者則在於對方音與發言做出說明。

「整理」的做法本已同最初呼籲關注時對民歌特性的認識——天然無雕飾——有所牴牾，卻與知識界「整理國故」的學術步驟十分吻合。何謂整理？整理即是編纂、重振和改造、加工；是以民眾的名義，爲知識人贏得解釋他者的話語權。換言之，整理者，以新釋舊，六經注我也。於是，自那時起，經北京大學學者們整理後的歌謠「樣本」（約二萬餘首），便被存放在國學門的「歌謠研究會」檔案中，無聲無息地等待著學者們自由地分析研究。〔註79〕

3、研　究

前面說過，民國時期的「歌謠運動」之所以能夠轉變爲「學」，關鍵在於「新知識界」的介入參與。這種參與介入的模式，說白了，就是：研究歌謠，瞭解民間；然後：發展自己，壯大學術。爲了對此有具體瞭解，不妨以刊發在《歌謠周刊》上的兩組通信作爲個案來稍加分析。

「個案一」，常惠對蔚文——〔註80〕
蔚文原信（摘要）：

維鈞我哥：我對於歌謠，向無研究，簡直把個「外行」的資格也夠不上，無奈在近來喜歡歌謠的欲望，竟使我大膽寫出這封信來，和您討論歌謠；不知您有工夫答我這封糊塗信沒有？

我曾經見過一種說法，認爲民間的歌謠只可用「口授的方法」保存，不然會被不老實的文學家利用舞文弄墨的法子來給弄滅亡了。如今你們鼓勵大家用文字來記歌和投稿，卻又附上「編輯」和「審查」等字，我看見後不由得替中國歌謠打了個寒戰。因爲你們都是文學家，倘若小百姓嘴邊吟詠出來的東西，你們看不上，也要

〔註78〕北京大學：《歌謠周刊》第 13～45 期有關分類問題的爭論，常惠〈一年的回憶〉，《歌謠週年紀念增刊》，1923 年 10 月 7 日。

〔註79〕顧頡剛：〈蘇州的歌謠・爲日本〈改造雜誌社〉作〉，中山大學《民俗周刊》第 11、12 期合刊，1928 年 6 月 13 日。

〔註80〕北京大學：《歌謠周刊》第 4 號，1923 年 1 月 7 日。

舞文弄墨一番，那麼，我恐怕便與你們徵集歌謠的本旨違反了！不知您以為怎樣？

此外，目前的中國歌謠研究，即便是作為全國最高學府的北大，作得還不如外國人，眞個是不能不讓人揮一把汗！

弟蔚文啓

常惠答覆（大意）：

慰問學兄：你的來信我已拜讀過了。你既是誠懇的與我們討論歌謠，是求之不得的事情，那裡有不肯答覆之理呢。

我知道你曾翻譯過有關「民俗文學」（Litterature Popularie）的文章。不過「民俗文學」與「民俗學」（Folk-lore）並不一樣。前者如《三國演義》、《水滸》和《封神》。它們可在民間流行的。但民俗學的東西卻只是從民間取材，末了並不一定要給民間看的，如歌謠、傳說之類。我們研究「民俗學」就是採集民間的材料，完全用科學的方法整理它；整理之後呢，不過供給學者採用罷了。

你還提到要用「口授的方法保存」，現在的瞎子唱的小曲和説的書，又何嘗不是用口授的方法呢？但是我們有眼睛的怎能受那番痛苦呢？……我們現在的責任是老老實實把歌謠寫在紙上供大家研究。本刊也不過是個研究討論的機關就是了。

常惠

蔚文的信把《歌謠周刊》的研究者稱為「文學家」，從而把他們與傳唱民歌的「小百姓」區別開來，顯出「歌謠學運動」中一種明白冷靜的眼光和心態。他對從「採錄」到「審查」、「編輯」等做法的提問則體現著對關注歌謠之宗旨的根本質疑。常惠的回答一方面較含混地繞開了「口頭傳授」應否採納的問題，只是說有眼睛的「我們」無法忍受那種痛苦；另一方面倒又明確表示了「歌」和「俗」一旦上昇為「學」後便不再為「民」的精英立場。

「個案二」，顧頡剛對舒大楨──〔註81〕

舒大楨：

破天荒的歌謠研究會，自成立到如今，已經是一週年了。在這一

─────────────

〔註81〕北京大學：《歌謠周刊》第38號，1923年12月23日。

週年的成績，如材料的豐富、採集的精粹，誠然是斐然可觀。十二分同情的我，真是額手稱慶不置呵！但在這種情況下，我也有一點小小意見提出來求高明指正，那就是我以為各位負研究責任的先生，對於歌謠研究的工夫還做得不夠。而如果只圖多多登錄，不求實在研究的話，可怕不單是讀者乾燥無味的減少同情，諸位研究的先生們也是白費了苦心呵！

顧頡剛：

大槇先生：接讀來信，極感盛意，但我們要向先生剖明的，我們少登研究的文字，並不是不想做研究的工夫，乃是實在因為歌謠資料還收集太少的緣故。並且研究歌謠不單在歌謠本身，而且關係到歌謠上面的戲劇、樂歌和故事以及其下面的方音、方言、諺語、謎語，還有就是造成歌謠的背景如風俗、地文、生計、交通等等。所以我們單單空想研究歌謠是再容易不過的，而真要做來卻是難之又難。目前我們的最大阻礙是投入的空閒不夠——我們中的大部分人對歌謠的研究都是業餘兼職。所以我們希望自己的，便是現在收集材料，使得眼裏常看見歌謠，耳裏常聽見歌謠，口裏常說著歌謠，使得我們一部分的精神浸潤在這裡。

儘管這樣，有一點要告訴的是，我們研究歌謠的目標自然是有的，那就是在盡可能增加資料的前提下，爭取得到歐洲同行的指導，使我們的研究有一天達到「歌謠學」的水平上。

顧頡剛

「個案二」裏，「讀者來信」不但要求對民間歌謠加以研究，而且還對北大的研究趕不上國外提出了批評。把這樣的信發表出來，刊登在「我們」的刊物上是為了什麼？自然是在表示說，學者的研究其實並非一意孤行，而實在也是在順應時代、滿足社會之需而已。誰都知道，但凡登在報刊上的「讀者來信」無一不是經過精心挑選的。編者的「答覆」更是這樣。顧頡剛對舒大槇的回答，稱得上建立中國「歌謠學」的明確表態，也即從「歌」到「學」、從「民間」到「學界」的自我重申。

對於這種實際上是「以學為本」的歌謠研究，當時曾有人作過分類，概括為分別注重民俗學、語言學、教育學和文藝學的「四派」。其中誰重誰輕，難以

斷定；只是相對而言，堪稱「文藝學派」的一邊顯得要多和強些而已。〔註82〕這顯然是從北大「歌謠研究會」圈子的情形來下的判斷。如果換作廣州中山大學爲例的話，那裡的歌謠研究卻該說是以「民俗學派」——假定可以這樣稱呼的話——爲主的了。

4、保　存

　　歌謠是「活」的，文字是「死」的。這是就民間「口頭傳唱」與文人「案頭書寫」的根本區別而言。之所以用「死」的文字把「活」的歌謠記錄下來，照常惠、朱自清等人的觀點，另外的一個目的便是要通過文字的記錄使這些堪稱民族財富的東西得以保存；也就是讓歌謠在文字中「死了其實倒是活著呢」。另一方面，在這種以「文」存「歌」的努力中，還包含著擔心文明進程有可能將屬於初民「殘留物」之歌謠很快消亡的焦慮。

　　在這當中，常惠提出了一個異常尖銳的觀點，認爲：「文化愈進步，歌謠愈退化」。他的論述依據是以「文明之外」的存在爲反證，讓人們不信的話，去「調查野蠻民族」就知道了：因爲越是「野蠻民族」，歌謠就越發達；此外在文明社會中，個人的所謂成長和學校教育也是歌謠延續的一大障礙，以至讀了書的大人就不再像兒童那樣享有民歌。因此，如果現在還不趕快收集的話，要不了多久，恐怕連一首兩首也收集不到了。〔註83〕

　　或許是基於這樣的觀點，他索性在1924年1月30日歌謠研究會的常會上，提出了「儘先收集，不忙研究」的主張。〔註84〕

5、出　版

　　調查採集起來的民間歌謠，經過一定的整理之後，接下來的出路便是刊行面世。根據胡適在北大《歌謠週刊》二卷一期〈復刊詞〉的報告，僅在該刊此前的九十七期裡，就一共發表了各地歌謠二千二百二十六首。這些原本存在於民間社會的「活的」歌唱，被不同的人以不同的方式收集起來，經過編輯之手一變成爲供識字者們閱讀參引的文字材料。並且與其起初生動活潑的現場「眞相」不同，這些刊發出來的民歌，實際上是被夾雜在比其數量更

〔註82〕楊世清：〈怎樣研究歌謠〉，北京大學《歌謠週年紀念增刊》，1923年12月17日。
〔註83〕常惠：〈我們爲什麼要研究歌謠〉，鍾敬文編《歌謠論集》，上海書局
　　　　《民國叢書》（四）1989年影印版，頁303～312。
〔註84〕參見〈本會常會並歡迎新會員紀事〉，北京大學《歌謠周刊》，第45號，1924年
　　　　3月2日。

多、「力量」更強的學術文字裏，充當著任人剪裁、支使和評說的配角。胡適的報告指出，除了上述「歌謠選登」以外，同一時期《歌謠週刊》的字數共計一百多萬，其中當然是以學者研究爲主的了。

把民間歌謠組合在學者論述中發表刊行，正是這一時期（乃至以後）知識界對民眾文化的一種有效「發用」。而這樣的「發用」當然與自《詩經》、《樂府》以來「采風辯俗」、「制禮作樂」的文人傳統相關。

6、發　用

民國時期，歌謠之從徵集、整理到研究、出版，其實是一直在被用以完成著「新知識界」自身建設的幾個主要任務，即：重建「新國風」、發展「新國學」和開創「新文化」。

在這一時期裏，歌謠研究者中有不少學者表示過把自己的行動與當年孔子編纂「國風」之舉相併提的傾向，暗示著今日的歌謠收集具有最初《詩經》那樣重要的意義和影響。胡適在前引那篇〈復刊詞〉裏就表示說收集歌謠的最大目的就在爲中國文學擴大範圍；然後舉出《詩經》爲例，強調當年「詩三百」結集的最偉大最永久影響，在於通過來自民間的「國風」，爲舊時的文學提供了範本；今天「我們」廣泛收集民歌，目的也是要從「民間歌唱」中爲「新文學」的創作尋找新的來源、提供新的範本。〔註85〕綜觀其他的類似論述，可以發現其中的幾個一致要點：中國的文學，核心和源頭在詩；最早的詩以《詩經》爲代表；在古代，「詩」與「歌」通，《詩經》源自歌謠、來自民間；孔子編「詩」爲《經》，開創了注重民歌的先例……

這些觀點，有的在民國以前即已有過，有的則爲民國的發明或發揮，體現出那個時代知識界中的許多人既要反傳統又要用傳統、既要離「聖賢」又要即「聖賢」的雙重態度，實際上就是試圖做到拿民間依附古代，用傳統加強自己，形成多重對立（或並立）之間的知識互證。在這點上，黎錦熙的一篇論述堪稱突出代表。該文認爲，二千多年前的「中國政府」就曾經進行過全國采風的行動。後來經過孔子的整理，採集上來的各地民歌形成了可供「國語文學讀本」之用的經典《國風》。然而直到民國爲止，中間不幸經過了灰色的漫漫二千多年；「不但政府不再舉行那調查歌謠的要政，就是那些文人學士們聽見了民間的歌謠之聲，也只是打哈哈；有時還要罵人。」因此，民初開創的歌謠採集事業，才又使中國進入了真正的「文藝復興」。它的意義是雙重

〔註85〕胡適：〈歌謠週刊‧復刊詞〉，《歌謠週刊》第二卷第一期，1936 年 4 月 4 日。

的：對於古代，使人們懂得《國風》就是歌謠；對於今天，則促使人們由此去開創現代的「新文藝」。〔註86〕

翻檢當時的諸多相關資料，讓人不斷加深的一個印象是，民國時期知識界「以學為本」的態度決定了歌謠採集和研究的文人化、學術化和非中心化。顧頡剛答覆舒大楨的信中提到過「空閒的缺乏」。那是什麼意思呢？顧解釋說是因為「我們」有志研究歌謠的人都沒有空閒工夫：教書的教書、讀書的讀書、辦公的辦公……都在忙著；對於歌謠嘛，只是硬抽出一點工夫來做。〔註87〕一句話，都是副業和「客串」。周（作人）先生是文學家兼任文科教授，錢（玄同）和沈（尹默）先生專治「小學」，常惠是法文系學生，〔註88〕顧頡剛本人主攻歷史……可說是各有其行，雖曾因徵集之事而有分工合作，但主業都不在「歌謠」上面。顧頡剛在後來的《古史辯自序》裏坦誠道，對於歌謠，自己其實並沒有興趣，研究歌謠「是有所為而為的」，那就是只想把歌謠作為研究歷史的「輔助」。〔註89〕美國學者洪長泰因此把顧等人稱為民間文學的「業餘愛好者」，強調說他們——除了後來的鍾敬文一人外，都不曾把研究歌謠當作安身立命的正業。〔註90〕

那什麼才是這批新知識分子的正業呢？簡而論之，就是為新「民國」——或曰新生的「民族國家」——服務的「新國學」。其中儼然挺立的三大主幹是「新文學」、「新史學」和「新科學」〔註91〕。這些主流「學科」，或重組、或新建，均扮演著執時代「牛鼻」、開風氣之先的角色。相比之下，未曾完型的「歌謠學」只是其中的一個聲部和回應而已。

基於這樣的背景，儘管在很長的一段時間裏，歌謠研究終未獨立成

〔註86〕黎錦熙：〈歌謠調查的根本談〉，鍾敬文編《歌謠論集》，1927年，上海書局《民國叢書》（四）1989年影印版，頁275～280。

〔註87〕顧頡剛答覆舒大楨的信，北京大學《歌謠週刊》第38號，1923年12月23日。

〔註88〕此處關於當時幾位教授合作分工的介紹，參見常惠給蔚文的回信。北京大學《歌謠週刊》第4號，1923年1月7日。

〔註89〕陳子展：《中國近代文學之變遷‧最近三十年中國文學史》，上海古籍出版社，2000〔1929〕年，頁270～281。

〔註90〕〔美〕洪長泰：《到民間去：1918～1937年的中國知識分子與民間文學運動》，中譯本（董曉萍譯），上海文藝出版社，1993年，頁20、83、266～277。

〔註91〕1925年，梁啟超以清華大學為例，撰文論述設立大學部和國學研究院與中國學術獨立之關係，指出至少對於該校來說，最為重要的學問包括三類，即自然科學、工學和史學與考古學。參見梁啟超：〈學問獨立與清華第二期事業〉，《清華週刊》第350期，1925年9月。

「學」，但其所派生或相關的民俗學和民間文學乃至後來的人類學等新生學科仍不斷被視爲「學術界的重要部分」，〔註 92〕加入到了的被稱爲「新學術運動」〔註 93〕的總體行列之中。至於民間的「歌」由「唱」變爲「學」後，會有什麼樣的後果發生，值得另行討論。這裡接著分析歌謠研究與「新文化」的關聯。

在前面一章裏，本書曾經對顧頡剛的〈聖賢文化與民眾文化〉作過簡述。因其中的觀點較爲重要，這裡不妨再引以爲例。在同一篇文章裏面，顧在依據中華民國的成立爲界、判定今後須替得民眾文化的翻身努力之後，接著聲明這並非意味著從此就可要喊出「打倒聖賢文化、改用民眾文化」的口號來了。事情不是這樣的。顧頡剛分析說，民眾文化雖然近於天眞，但也有許多不適應新時代的「粗劣」，因此「我們」要喊的口號是彼此相關的兩句：研究舊文化，創造新文化。

怎樣相關呢？應當把「聖賢文化」和「民眾文化」各置一端：

以前對於聖賢文化，只許崇拜，不許批評；我們現在偏要把它當作一個研究的對象。以前對於民眾文化，只取「目笑有之」的態度；我們現在偏要向它平視，把它和聖賢文化平等研究。

最後，顧頡剛總結的模式是：收集文化材料——研究文化價值——批評文化價值，然後——創造新的文化（邁向新的生活）。〔註 94〕

關於清末民初以後對中國「新文化」、「新生活」的呼喚和營建，不獨爲歌謠研究圈的創舉，而是那個時期「知識界」——包括「自由知識分子」和「職業革命家」的普遍提倡和共識。於是，顧頡剛等學者由徵集和整理起頭所引出的對歌謠之種種「發用」，顯然又再度歸併到了前述新時代的「知識流」當中，並與之形成彼此參引和發揮的群體互動了。

〔註 92〕鍾敬文：〈數年來民俗學工作的小結帳〉，廣州中山大學《民俗周刊》第 2 期，1928年 3 月 28 日。

〔註 93〕「新學術運動」的提法參見鍾敬文：〈「五四」前後的歌謠學運動〉，《民間文學》，1979 年第 4 期，《中國民間文學論文選》下卷，，上海文藝出版社，1980 年，頁 389～405。

〔註 94〕顧頡剛：〈聖賢文化與民眾文化〉，鍾敬文記錄整理，廣州中山大學歷史語言研究所：《民俗》，第 5 期，1929 年 4 月 17 號。

第四章　文學革命與國史更新

　　1962 年，時隔《歌謠周刊》創刊四十年之後，北京的《民間文學》編輯部組織編發了一組紀念文章。顧頡剛的回顧重新提及當年劉半農與沈尹默發起歌謠徵集的動機，指出其原初不過是爲了新詩創作：因爲當時的新詩寫作需要在本國文化裏尋找傳統，於是才「注意到歌謠」。〔註1〕容肇祖進一步把其中的原由與五四「新文學運動」之發生發展相提並論，同樣強調了四十年前中國社會的日益變動中，民歌徵集與文人創作的密切聯繫。而這便又回到了《歌謠周刊》〈發刊詞〉裏所申明的文藝目的方面了。

新國風與新文學

　　容肇祖的敘述以《憶「歌謠」和「民俗」》爲題，說道：

　　　　五四以後，我進北京大學，一些老師們提倡搜集活的新文學，編輯「新國風」的問題。這是搜集現代歌謠的起源。……「新國風」是五四以後提倡新文學、新詩歌而開發的一個新園地。它提出了創作新詩要和民間歌謠結合，使新詩接近人民。〔註2〕

　　容肇祖還根據自己的學習生活體會，闡發說由於從小熟悉通俗白謠，長大後讀《詩經》、《樂府》，感到有些文人的作品還比不上民間創作，所以才會在當時的新文學運動感召下，一呼即應地對民歌產生濃厚興趣。

　　由創作新詩而引發歌謠搜集，可見當時「文學目的」的民歌研究實爲後

〔註1〕　顧頡剛：〈我和歌謠〉，《民間文學》，1962 年第 6 期。
〔註2〕　容肇祖：〈憶「歌謠」和「民俗」〉，《民間文學》，1962 年第 6 期。

起，即屬於一種「爲我所用」的派生現象。在其之前，有一個更爲基本的運動與思潮，那就是——「文學革命」。

「文學革命」的宗旨與特徵何在？簡言之：倡導「新文學」，反對「舊文學」。這場棄舊開新的文學運動，經歷了從晚清到民國的幾十年時間，先後曾被不同的知識界人物出場領導。當年的主要當事人之一錢玄同曾經指出，若要追溯「新文學」由來的話，梁啓超實爲眞正的創造之人，「論現代文學之革新，必數梁君。」梁的功勞之一就在能「以俗語入文」並且敢於將戲曲小說的地位提升，也就是能夠重視民間、關注俗文。〔註3〕後來，五四時期胡適等人倡導白話、提倡新文學，顯然是對此的延伸和發展。不過論及影響，後世學者往往更願意強調「五四」以後，原因在於彼此關聯的歷史條件有了根本變化，即「五四」時期的中國，出現了以往從未有過的全新產物：「民國」。〔註4〕民國的出現使得中國的「新舊衝突」以及「中外落差」日益強烈和顯著起來，於是梁啓超等人當年鼓吹的小說維新逐演變範圍更廣、涉及古今中外的文學革命。

「文學革命」的提法，據說最早出自胡適。民國四年（1915）：

> 遠在海外，有幾個青年留學生在美國綺色佳（Ithaca）過夏，時常討論中國文學問題。胡適最激進（時年 22 歲），提出了「文學革命」的口號。

那群青年留學生中有任鴻、楊銓和梅光迪等。胡適提出的觀點是：

（1）「今日所需的乃是一種可讀、可聽、可歌、可講的言語」。

（2）「非活的言語，決不能產生第一流的文學」。

（3）一部中國文學史，只是活文學隨時起來替代了死文學的歷史。

（4）文學的生命全靠能用一個時代的活工具來表現一個時代的情感與思想。工具僵死了，必須另換新的活的，這就是文學革命。〔註5〕

與胡適一同討論的梅光迪儘管後來改變過觀點，但那時也持贊同意見，認爲

〔註3〕 錢玄同：〈寄陳獨秀〉，北京大學等編《文學運動史料選》第一冊，上海教育出版社，1979 年，頁 31。原載 1917 年《新青年》第三卷第一號「通信欄」，標題爲選編者所加。

〔註4〕 駱玉明：〈關於胡適的《白話文學史》〉，《胡適〈白話文學史〉導讀》，上海古籍出版社，1999 年，頁 2～3。

〔註5〕 胡適〈逼上梁山〉，《中國新文學大系·建設理論集》，上海良友圖書印刷公司1935 年，第 26 頁。

「文學革命自當從民間文學入手」，並且預言此舉必將引起文壇論戰同時表達決心說：「驟言俚俗文學，必爲舊派文家所訕笑攻擊；但我輩正歡迎其訕笑攻擊。」〔註6〕

胡適等人從破舊立新角度重審中國文學並且注意到文學革命與民間俚俗的關聯，無疑深受晚清維新派思想家的啓迪。胡適本人就承認過梁啓超對他的影響，指出是梁啓超把後來的青年帶到一個新的境界，「指著一個未知的世界」叫後人自己去探尋。因此「我們更得感謝他」。對此，曹聚仁評價說，這是一個民初的思想導師對一個晚清思想導師的由衷感激。〔註7〕

然而眞正促使五四「文學革命」成爲學界運動的卻是《新青年》的旗手陳獨秀。1917 年 1 月 1 日，陳獨秀在其主編的《新青年》上登載胡適的《文學改良芻議》，一個月後，又發表自己的《文學革命論》一文，舉起了以「革命」爲口號的新文學大旗。陳獨秀的觀點比胡適更尖銳、言辭也更激烈，提出了可以說與後起的民歌研究密切相關的「三大主義」：

（1）推倒雕琢的阿諛的貴族文學，建設平易的抒情的國民文學；

（2）推倒陳腐的鋪張的古典文學，建設新鮮的立誠的寫實文學；

（3）推倒迂晦的艱澀的山林文學，建設明瞭的通俗的社會文學。〔註8〕

陳獨秀聲明這裡的「革命」，實指歐式的革故更新，而非本土的朝代鼎革，也即不是延續改良而是推翻和取代，是以新替舊；而「新」的特點，就包括了「國民的」和「通俗的」在內。陳還指出此文學革命與政治革新緊密相關：「今欲革新政治，勢不得不革新盤踞於運用此政治者精神界之文學」。〔註9〕

這樣，由「新政治」引出的「新文學」，作爲一個由知識界「革命派」發起的廣泛運動，自然也就包含了對民歌的關注和向民間的傾斜。一時間，「到民間去」、「向民間學習」和「爲民眾服務」成爲了廣爲流行的口號和實踐。其中，劉半農本人的「擬民歌」值得最先評說。

公差捕老農，牽人如牽狗。

老農喘且噓，負病難行走。

〔註6〕耿雲志主編：《胡適遺稿及秘藏書信》，第 33 冊，頁 436〜437，合肥，黃山書社 1994 年。也可參見《胡適論學往來書信選》下，頁 1200；另參見曹聚仁：《文壇五十年》，東方出版社，1997 年。

〔註7〕曹聚仁：《文壇五十年》，東方出版社，1997 年，頁 91。

〔註8〕陳獨秀：〈文學革命論〉，《新青年》，第二卷第六號，1917 年 2 月 1 日。

〔註9〕同上。

公差勃然怒，叫囂如虎吼。

農或稍停留，鞭打不絕手。

問農犯何罪，欠租才五斗。

這是劉半農初期收入《揚鞭集》中的作品。後人認為此中雖然表現出為下層民眾鳴不平的人道主義思想，但與古代杜甫、白居易等人的《石壕吏》、和《賣炭》並無多大區別。〔註10〕另外一首《擬兒歌》，在新詩創作的選擇中明顯應用了民歌形式：

鐵匠鏜鏜！

朝打鋤頭，夜打刀槍。

鋤頭打出種田地，刀槍打出殺魍魎。

魍魎殺勿著，倒把好人殺精光。

好人殺光嘸飯吃，剩得罔兩吃魍魎！

氣格隆冬祥！

到了後來，劉半農一方面倡導徵集歌謠，同時親自實踐，以民間為師，出版了以一組以《瓦釜集》為名的「擬民歌」。「瓦釜」的含義與「黃鍾」相對。劉半農取其為名的意思，是要試驗一下能否以己之力，「把數千年來受盡侮辱與蔑視」的民間「瓦釜」之聲表現出來。〔註11〕如：

人家說打鐵朋友苦連天，

我釘釘鐺鐺打鐵也打過十來年。

我打出鐮刀彎彎好比天邊月，

我勿打鋤頭釘耙你裏那哼好耕田？

人家說磨豆腐朋友苦連天，

我豆腐末也勤勤懇懇磨過十來年。

我做出白篤篤格豆腐來好比姐倪格手，

我做出油胚百葉來好供佛勒好齊天。

對此，當時的同人和後世論者都給予了高度評價。朱自清曾總結說，「新詩形式運動的觀念，劉半農氏早就有」。〔註12〕蘇雪林寫道，「這個三千年文

〔註10〕陳泳超：〈劉半農對民歌俗曲的借鑒與研究〉，《中國現代文學研究叢刊》，作家出版社，2001年第1期，頁240～253。

〔註11〕劉復：《劉半農詩選》，人民文學出版社，1958年。

〔註12〕朱自清：〈中國新文學大系・詩集・導言〉轉引，自陳泳超：《劉半農對民歌

學史上擬民歌、兒歌而能如此成功的」，除了半農之外，別無二人。〔註 13〕
沈從文贊其作品爲新文學運動中的「平地春雷」。〔註 14〕劉半農自己也毫不
謙虛地說過，當初的無韻詩、散文詩，後來的方言擬民歌、擬「擬曲」，都
是他「首先嘗試」。〔註 15〕他在《瓦釜集》〈代自序〉中闡發了詩歌創作同「眞
實語言」的關係，主張要使用「我們抱在母親膝上時所學的語言」，也即強
調「新文學」應加強同實際生活的聯繫。〔註 16〕後來的學者有的認爲劉氏的
仿作「語言採自民間，採自民歌，採自勞動者的生活與勞動，民間生活氣息
格外濃，處處流溢著民間味」，因而「對新詩語言的大衆化、平民化和豐富
多彩，都有著不可低估的作用」，以至於「即使到了今天，對於那些語言艱
澀的詩作者，仍然有著鞭策作用」。〔註 17〕有的將其與晚清主張「我手寫我
口」的黃遵憲相提並論，認爲「如果說黃遵憲式的『新詩派』代表者傳統舊
詩的結束，劉半農式的『擬民歌』代表著現代新詩的開始」；同時又指出黃、
劉二人的主張與實踐還談不上對民歌的眞正瞭解和尊重，甚至沒有超過明代
文人馮夢龍當年模擬山歌的境界。劉半農對民歌的仿作，主要還是爲了滿足
自己詩歌寫作的「體式」翻新罷了。〔註 18〕

　　其實類似的「仿作」之舉，並非劉半農一人獨創。朱自清、胡適等著名
人物也都進行過同樣的嘗試。至於不以直接模仿爲歸宿的向民間間接吸收與
學習，就更是常見於當年眾多的「白話文學」創作當中了。

　　總之，在這場「新文學運動」的推動下，民間歌謠與文人創作可謂彼此
聯繫，互爲依存：「新文學」催生了「新國風」，反過來，「新國風」又充實了
「新文學」。

　　　　俗曲的借鑒與研究》，《中國現代文學研究叢刊》，作家出版社，2001 年第 1
　　　　期，頁 240～253。
〔註 13〕蘇雪林：〈《揚鞭集》讀後感〉，《人世間》，1937 年第 17 期，轉引自陳泳超：
　　　　《劉半農對民歌俗曲的借鑒與研究》，《中國現代文學研究叢刊》，作家出版
　　　　社，2001 年第 1 期，頁 240～253。
〔註 14〕沈從文：〈論劉半農《揚鞭集》〉，《文藝月刊》第 2 卷第 2 期，1931 年 2 月。
〔註 15〕劉復：《揚鞭集·自序》。
〔註 16〕劉復《劉半農詩選》，人民文學出版社，1958 年。
〔註 17〕黃鋼：〈劉半農對新詩藝術的貢獻〉，《新疆大學學報》，哲社版，1995 年第 4 期。
〔註 18〕陳泳超：〈劉半農對民歌俗曲的借鑒與研究〉，《中國現代文學研究叢刊》，作
　　　　家出版社，2001 年第 1 期，頁 240～253。

「擬民歌」與「僞民歌」

有意思的是，就在劉半農等人從事「民歌仿作」的時候，有人提出了截然相反的看法，認爲文人對民間的仿作無異於作僞，所謂「擬民歌」實際是「僞民歌」，亦即文人學士「打著百姓旗號」的廝混。連《歌謠周刊》主編常惠也對此表示同意，指出「歌謠本用不著一些似通不通的詩翁來模擬」；那樣的行爲「扭忸怩怩，實在難堪」。他認爲「放著有許多自然的不去提倡，又何必作那不自然的呢？」〔註19〕

此兩種有關眞假民歌的對立主張，其實代表著當時對民歌「利用」的不同立場，或曰代表兩種不同的「民歌觀」。贊同「擬作」的一方，不但肯定模仿，甚至主張改造，因爲一方面民歌具有天然美質，值得「智識階級」學習仿傚；另一方面民歌尚存在諸多不足，有待進步文人加以鑒別、提高，而後予以加工推廣。在這點上，1926 年晏陽初等在華北定縣所推行的民歌整理做法可作一例。

出於開展「平民教育」活動之目的，晏陽初等人深入定縣農村將近一年，從「不識字的」老農口中搜集了數百首民歌。他們認爲歌謠具有很好的教育作用，因此爲了配合鄉村裏的掃盲運動，應當讓歌謠「從民間來，到民間去」（民間採來的文學，依舊放到民間去）。爲此，他們特地區分了兩種民歌類型，即供研究用和供推廣用的不同版本；對前者保留原貌，而對後者則「不但在描繪技術及內容上增加一些注意，萬不得已的時候，也不惜更加一番刪改」。〔註20〕美國學者洪長泰認爲，「實踐證明，他們的這種努力當然是值得肯定的嘗試。」〔註21〕

到了後來，這種不惜對民歌進行刪改而後再加推廣的「嘗試」，逐漸發展成合理改編歌謠乃至主動「創作」歌謠的新型模式，以至於派生出了「革命文學」口號下的若干「紅色歌謠」。

老子本姓天，家住洪湖邊。

〔註19〕 參見常惠與蔚文的通信，北京大學《歌謠周刊》第 4 號，1923 年 1 月 7 日。
〔註20〕 孫伏園：〈定縣平民文學工作略説〉，《藝風》，第一卷九期，1933 年 11 月 5 日。段寶林：《中國民間文學概要》增訂本，北京大學出版社，1985 年，頁 276。
〔註21〕 〔美〕洪長泰：《到民間去：1918～1937 年的中國知識分子與民間文學運動》，中譯本，董曉萍譯上海文藝出版社，1993 年，頁 263～299。

有人來捉我，除非是神仙。〔註22〕

而倘若說這首據說曾流行於湖南、湖北、江西等省的「紅色歌謠」還具有民間「野性」本色的話，後來經過打造推廣的《東方紅》則變得更像文人製作的頌歌了。究其原因，除了與不同的民歌「利用觀」有關以外，看來還不能不跟當時蘇區實行的歌謠政策相聯繫。根據史料，蘇區「紅色歌謠」產生的主要動因，就在於那裡的黨政機構規定所屬各部均得負責「徵集並編製表現各種群眾情緒的革命歌謠」。而實行這種歌謠政策的主要依據，乃在於倡導者對歌謠之民間性的看重，認為其根於民、傳於民，形式為大眾「喜聞樂見」，一旦善加利用，必定能夠達到團結隊伍、鼓動革命之目的，並且還可宣傳自己的各項方針。〔註23〕

何其芳等人所編的《陝北民歌選》說過，《東方紅》的創作本於《移民調》。其原調是流行在陝北民間的戀情歌謠《探家調》。當時據此改編的新創民歌還有《騎白馬》等。《騎白馬》的歌詞如下：

騎白馬，挎洋槍，

三哥哥吃了八路的糧。

有心回家看姑娘

呼兒嘿喲

打日本就顧不上。

要穿灰，一身身灰，

肩膀上要把槍來背。

哥哥當兵抖起來

呼兒嘿喲

〔註22〕　這首民歌據說很早就在洪湖地區流傳，體現著當地民間的江湖習氣。紅軍時期，歌詞增加了兩句：「槍口對槍口，刀尖對刀尖，有我就沒你，你死我見天」，被用作鼓舞士氣的精神武器。後來在歌劇《洪湖赤衛隊》中，又增改為「老子本姓天，家住洪湖邊；今天來借槍，明朝打江山」。參見曉方〈中不溜？——也說湖北人的文化特性〉，《文化特性面面觀》，荊楚網湖北日報，2004-08-26 07:54:12；少華：〈百劫將星——段德昌〉，《中共無銜軍事家》湖北人民出版社，2004 年。

〔註23〕　《紅軍第四軍第九次黨代表大會決議》第四部分〈紅軍宣傳工作問題〉，人民出版社。參見烏丙安：〈第二次國內革命戰爭時期老根據地歌謠簡論〉，收入《中國民間文學論文選》，上海文藝出版社，1980 年，中卷，頁 69～86。

家裏留下小妹妹。

⋯⋯

而對於《探家調》從《騎白馬》到《東方紅》的改編，段寶林認爲由於利用原調反映了新的生活，使其無論情調還是風格都發生了很大變化，從而充分說明民歌「推陳出新」的適應能力非常之大。〔註24〕

然而另一些人卻不這麼看。比如魯迅。

提到魯迅對此的態度，不能不對他的「不識字的詩人」說和「平民文學」論稍作評述。魯迅在 1920 年代的〈人話〉、〈論舊形式的採用〉及〈門外文談〉等文章中多次論及與歌謠有關的民眾文藝問題。他的主要觀點是：

1. 文字以前就有了創作，其以勞動者的歌唱爲主，可稱爲「杭育杭育派」。這些「杭育杭育派」就是遠古「不識字的文盲群」。他們的創作通過口口相傳，並不起草，也不留底子，「因爲做夢也想不到賣詩稿，編全集」；而且「那時的社會裏，也沒有報館和書鋪子，文字毫無用處」。因此，其中的大部分創作「沒有人記下來，也沒有法子記下來」。

2. 後來，文字與階級出現以後，分出了「生產者文藝」和「消費者文藝」類型。王官們覺得前者的歌謠可供利用，便檢錄下來「作行政上參考」。中國古代《詩經・國風》就屬於這樣一類。西方的《荷馬史詩》也原是口吟，現存的仍是「別人的記錄」。然而被檢錄的畢竟是少數，「此外消滅的正不知有多少」。

3. 這些屬於無名氏們的口頭創作，經文人官方採錄和潤色之後，「流傳固然流傳了，但可惜的是一定失去了許多本來的面目」。

4. 現在好在到處還有民謠、山歌、漁歌等，這就是當今「不識字的詩人的作品」。這類作品雖不及文人的細膩，卻顯得「剛健、清新」。它們的存在，使得新舊文學交替之時，能有不可缺少的轉變動力。〔註25〕

基於這樣一些看法，魯迅肯定爲歌謠說話和向民間學習，但不贊同對民歌的仿製，並視之爲官府僞作。他曾舉晚清政府倡導傳唱的《太平歌》爲例，指出其不過是爲統治者服務的「欽頒教育大眾之俗歌」而已。此歌當爲御用

〔註24〕段寶林：《中國民間文學概要》，增訂本，北京大學出版社，1985 年，頁 162。

〔註25〕以上論點及下引歌例主要參見魯迅《門外文談》，原作發表於 1934 年 8 月 24 日至 9 月 1 日的《申報・自由談》，署名華圉；後收入《魯迅全集》（6），人民文學出版社，1981 年，頁 80～113。

文人所作，歌詞唱的是對即定秩序的頌讚：

> 莫打鼓，莫打鑼，
>
> 聽我唱個太平歌
>
> ……

另外，魯迅還對一則流傳浙江的偽作「民間笑話」作了專門分析，指出其不過是以「下等華人」的表象，體現著「高等華人」的心神。〔註26〕

而最能體現魯迅上述觀點的，還是他於 1927 年春季，在廣州黃埔軍校為革命軍人做的一次演講。在這篇題為《革命時代的文學》講演中，魯迅在強調了平民文學的重要意義之後，明確指出現在還沒有平民文學——中國沒有，世界也沒有。因為平民的時代還沒有到來，「平民還沒有開口」，所謂以平民為材料的文學，不過是「另外的人從旁看見平民的生活，假託平民的口吻而說的」罷了，至於一些山歌、野曲被寫下來，「以為是平民之音」，然而「構思取意，也很陳腐，不是真正的平民文學」。環顧中國的情形，時下的所有文學，歌呀詩呀，大抵都是給上等人看的；下等人沒奈何，只好替他們一同歡喜……

或許是因為對這樣的現象越說越氣的緣故，魯迅最後乾脆連文學本身都做了否定，號召臺下的軍人今後以槍炮代紙筆——因為文人用筆辦不到的事，卻可通過戰士「一炮解決」。〔註27〕

新思想與新形象

關於民眾與文學，魯迅的事例還不僅限於「議論民歌」，展開來看，更在於通過其影響廣泛的獨特描寫「再現民眾」，也就是擔當著新知識界對「民」的形象重建。

半個多世紀以來，有關魯迅何以在清末民初的社會震蕩下「棄醫從文」，人們已談了不少。根據魯迅的自述，研究中國現代文學的王德威把此變故的原由歸結到「頭」的意象之中，認為正是 1906 年在日本看到國人麻木地圍觀同胞的頭被砍下這一場景，構成了魯迅後來從事寫作的最初起點及其塑造

〔註26〕 魯迅：〈人話〉，《魯迅全集》，5，人民文學出版社，1981 年，頁 60。

〔註27〕 魯迅：〈革命時代的文學——4 月 8 日在黃浦軍校講〉，原載《黃浦生活》周刊，第 4 期，1927 年 6 月 12 日，北京大學等編，《文學運動史料選》第一冊，上海教育出版社，1979 年，頁 447～452。

國民形象的貫穿動機。王的看法是，也正是從纏繞魯迅的這一「砍頭情結」開始，掀開了現代中國文學的新頁。〔註 28〕魯迅自己總結道：「凡是愚弱的國民，即使體格如何健全，如何茁壯，也只能做毫無意義的示眾的材料和看客，病死多少是不必以爲不幸的。所以我們的第一要著，是在改變他們的精神，而善於改變精神的是，我那時以爲當然要推文藝。」〔註29〕魯迅這話說在事後，在「那時以爲」這樣的用語中，已透出一點反省的意味。或許其「這時」的心情，已接近於認同「槍炮勝過紙筆」了吧。不過作爲「新頁」和「起點」，最初的看法畢竟影響重大，因此的確需要「從頭說起」。

　　若結合中國社會所謂的「官、士、民」三級結構來看，由魯迅凸現的「砍頭情結」，實際上是在揭示「砍頭者」、「被砍者」和「旁觀者」之間的衝突與關聯。展開來看，他們的關係如下：

　　第一層：判官－罪犯－看客
　　第二層：刀手－作家－民眾

　　首先，作爲公然示眾的砍頭行徑，殺人者當然是「官」，因爲只有官才握有可作如此炫耀的大權。故「判人死罪」且「砍頭示眾」，正是「官」和「權」相互驗證的有力體現。

　　其次，誰是「罪犯」呢？在魯迅筆下，開始是「士」──如《藥》裏面的革命者；後來又擴展到「民」──如被誤作革命黨人的「阿 Q」。而一旦有了這後一擴展，其潛在的意味就震撼人心了，因爲如此一來，接著有可能被宣判的「罪犯」該何其眾多！

　　再次，「刀手」和「作家」以不同的方式參與其事，一文一武，或「幫忙」或「幫閒」，都既在官民之間，又在官民之外，並且雖同顯出「士」的身影，卻已通過對砍頭行徑的態度而分道揚鑣。惟有成群的「看客」，任人使，麻木觀，構成了亟需醫治的病弱「民眾」。

　　通過這樣的描寫，魯迅把中國的歷史和社會濃縮成了一個具有象徵性的戲臺，臺上演出的是「殺人」（「吃人」）大戲，臺下則圍觀著成群的看客。「『民眾』一批是由北往南，一批是由南往北，擠著，嚷著……臉上都表現著或者

〔註28〕王德威：〈從「頭」談起──魯迅、沈從文與砍頭〉，《想像中國的方法：歷史‧小說‧敘事》，輯二，三聯書店，北京，1998 年，頁 135～146。
〔註29〕魯迅：〈吶喊自序〉，1922 年，《魯迅全集》，1，人民文學出版社，1981 年，頁 417。

正在神往，或者已經滿足的神情。」〔註30〕然而這樣的場景是誰看見，並且由誰揭示的呢？

作家王德威指出，作爲揭露砍頭場景的作家，當魯迅斥責民眾麻木圍觀的時候，「其實採取了居高臨下的視角」，因而意味著他「比群眾看得清楚」。〔註31〕這當然是「眾人皆醉我獨醒」的體現。只不過「獨醒者」不止一個，而是一群，即游離於官民之間與之外的新知識界和新文學群：

「五四以後的作家多數接受了魯迅的砍頭情結，用文學『反映』人生、力抒憂國憂民的義憤。他們把魯迅視爲新一代文學的頭頭。」

〔註32〕

那麼對於民眾，此群「獨醒者」通過他們作爲武器的筆還「看見」了什麼？

綜合魯迅筆下的民眾形象，可分出既相關聯又不相同的主要三類：潤土、阿Q、祥林嫂。「潤土」代表樸實、厚道；「阿Q」表現愚昧、油滑；「祥林嫂」代表柔弱、哀憐。加在一起，就是一群「哀其不幸，怒其不爭」之國民。面對他們，魯迅何在？答案是在矛盾和尷尬之中，若即若離，亦此亦彼；一心治救，終感乏力；欲選擇逃避，又做不到「提著自己頭髮從地上離開」；萬般無奈，終於變成「狂人」。除此之外，剩下的絕路還有兩條：不「傻」即「烈」；前者如「孔乙己」，後者如「斷頭人」。

研究晚期資本主義文化矛盾的西方學者詹明信（Fredric Jameson）把魯迅的創作視爲第三世界的「寓言化」文本，指出：通過魯迅的描寫，人們見到的是中國在清末民初被肢解、停滯不前，魯迅的同胞們「確實」是在吃人；並且這種吃人現象發生在等級社會的各個層次，「從無業游民和農民直到最有特權的中國官僚貴族階層」。爲此，詹明信作了深刻分析，認爲在魯迅創作的這種「寓言化」文本中，「敘事是相互聯繫和影響的一套環扣——醫療上的吃人主義、家庭背叛和政治倒退最終在貧民墓地上相遇」。〔註33〕

這裡，小說寓言中的「貧民墓地」不正與學術關注下的「歌謠研究」形

〔註30〕魯迅：〈鏈共大觀〉，《魯迅雜文集》，上海人民出版社，1972年，頁124。

〔註31〕王德威：〈從「頭」談起——魯迅、沈從文與砍頭〉，《想像中國的方法：歷史·小說·敘事》輯二，北京，三聯書店，1998年，頁135～146。

〔註32〕同上，頁135～146。

〔註33〕參見詹明信：〈處於跨國資本主義時代的第三世界文學〉，張京媛譯，載詹明信《晚期資本主義的文化邏輯》，張旭東編，北京，三聯書店，1997年，頁516～546。

成了對照和補充嗎？依照王德威的觀點，魯迅時代的文學寫作，其實是一種通過小說「想像中國」的方法。其結果是向讀者呈現了一個特殊的「小說中國」。這是很有見地的。具體而論，也可以說通過對潤土、阿 Q 和祥林嫂等的刻畫，魯迅他們塑造了「小說民眾」或「文學化的」鄉土和民間。不過其功能並非僅如王德威認為的那樣——只「虛構」不「建構」；〔註34〕相反，可以說一直在對民國時期各式各樣的「救民主義」起著實實在在的推波助瀾作用。這一點單從阿 Q 的形象不斷被各路人物一再援引即可見出。

依魯迅的看法，傳統的中國，人群當中隔著三道高牆，一是整個社會如若一間鐵屋，四周是密不透風的圍牆；一是人人之間，等級森嚴，彼此被高牆隔斷，以至即便是手足相連，也難免互為異類；第三就是方塊文字，更把聖人和民眾無情隔開，致使底層百姓不能通過文字來言說，「像壓在大石底下的草一樣，已經有四千年！」然而百姓的形象需要瞭解，國民的魂靈需要刻畫。於是儘管在多重高牆的阻礙中「時時總自憾隔膜」，而且孤寂，但作為已經覺醒的作家，還不得不通過小說這樣的方式，努力完成民眾形象的描寫和國人魂靈的刻畫。〔註35〕

話說回來，在當時的知識階層裏，真能深入民眾的不多，大部分文人學者對底層社會和邊緣人群的認識及據此的判斷，多半依據的就是新文學家筆下的這種刻畫和「建構」——對他們而言，民眾倒的確是被「想像」的。換句話說，歌謠可以徵集，庶民卻待建構。

通過學術，重建國史

提到「重建」，另一個與之相關的背景就得援引出場了。那就是從晚清到民國，新知識界通過革命性的歷史敘事對舊史的推翻和對新史的再造。

早在「戊戌變法」前後，維新派中最激進的譚嗣同就曾把新出現的報紙稱為「民史」，以示同以往「官書」的截然對立。〔註36〕梁啓超綜觀世界，分

〔註34〕王德威：〈序：小說中國〉《想像中國的方法：歷史·小說·敘事》，北京，三聯書店，北京，1998 年，頁 1～3。
〔註35〕魯迅：〈俄譯本〈阿 Q 正傳〉序〉，1925 年 5 月。
〔註36〕譚嗣同：《譚嗣同全集》，三聯書店，1954 年，頁 39，參見胡繩《從鴉片戰爭到五四運動》，上海人民出版社，1982 年，頁 638。

人類已有的歷史爲三類，即君史、國史和民史。相比之下，「民史之盛，盛於西國，而中土幾絕」。一部二十四史，記錄的只是君權發展史，顯示君民之間永遠處於對立地位。〔註37〕而欲改變此況，就得發動「史界革命」，就得書寫「民史」。

對於學術研究與社會改造之關係，梁的觀點是「史學至上」。在他眼裏，「中國古代，史外無學」〔註38〕；學術革新，惟史爲大。非但古時的「詩文集」皆史，近世的「小說」也皆史；都可視如史書一樣重要，一樣治理。〔註39〕因此，僅就治中國的文學而言，既然必須反對帝王史，倡導國民史，理應就得開拓領域，把小說、戲曲以及歌謠、俗文統統納入視野才行。於是在梁氏開啓的這種「新史學」帶動下，有關「歌謠」、「俗文」的民間文學研究才逐漸受到關注，乃至「迅速上昇爲顯學」。爲此，後人認爲僅此一點，梁啓超在清末民初中國「學術轉型」時期的重鎭地位就不容低估。〔註40〕

從史界革命的角度看，如果當時的中國的確稱得上「學術轉型」的話，歌謠研究所體現的突出特點便是「以歌爲學」和「引民入史」。其中的表現分爲三層。

（1）從埋沒到新增

對於民歌，知識界的最初態度是痛感其數千年遭埋沒的命運極不公平，亟需改變，因此至少得在已有的歷史裏面爲之添上應有位次，否則文學的歷史便不完整。這樣的工作，可稱爲引歌入史的「塡補空白」類。

（2）從邊緣到中心

後來，更爲激進的學者不滿足於此，覺得以歌謠爲標誌的民間文學、民間文化之所以長期受到壓制，原因在於以往正史的基礎觀念出了問題，需要從根本上進行改造，於是提出了以民間爲正統的口號。其中的代表便是胡適及其所倡導的「白話文學史」。

胡適的出發點是把中國的文學分爲「古文」和「白話」兩類，認爲前者代表貴族聖賢的「死文學」，或者代表民間大衆的「活文學」。在此基礎上，

〔註37〕梁啓超：〈續釋列國歲計政要序〉，《時務報》，第33冊，參見張朋園：《梁啓超與清季革命》，臺灣中央研究院近代史研究所專刊，11，1999年二版，頁40。
〔註38〕梁啓超：〈史之改造〉，《中國歷史研究法》第三章。
〔註39〕梁啓超：《治國學的兩條大路》。
〔註40〕夏曉虹：〈梁啓超的文學史研究〉，王瑤主編：《中國文學研究現代化進程》，北京大學出版社，1996年，頁1～57。

胡適指出：首先，中國的文學史，除去白話部分就不完整，甚至不能成立，因而必須把白話文學史添加進去；其次，由於古文代表死的文學，存在著模仿、沿襲的舊弊，白話代表活的文學，最富創造之力，因此白話文學史才是中國文學史的「中心部分」；這樣，中國固有的文學史就得改寫，也就是需得從過去的「古文傳統史」改寫爲「白話文學的發達史」。於是所謂白話文學史其實就是「中國文學史」。爲此，胡適提出了一句響亮的口號：「一切新文學的來源都在民間」。〔註41〕

（3）從提升到取代

胡適的做法影響很大。當其激進觀點延伸以後，甚至發展出在歷史敘述上以「民間」對「文人」的全然取代。比如從陳獨秀提出的「三大推倒」到顧頡剛呼籲「打破以聖賢爲中心的歷史，建設全民眾的歷史」等均可作如是觀。再後來鄭振鐸的長篇巨著《中國俗文學史》出版，標誌著這種「新文學史觀」的初步勝利。該書長達四十餘萬字，開篇就把「歌謠」列爲源頭，使之成爲中國文學的正宗「始祖」。更重要的是，全篇的體例以民間和大眾之「俗」爲主，不但使《詩經》恢復了其俗文學本貌，「變文」、「彈詞」、「講唱」提升到大雅殿堂，並且其他眾多與民俗相關的文人創作也才作爲旁證和補充，被吸納到以俗文學爲中心的新歷史構架之中。也就是說，在這種以「俗」爲正統的歷史敘述裏，中國文學的演變進程忽然被突出了其從未有過的民間主體性。

依照鄭氏的方法，過去的文學也被分爲兩類，首先是民間大眾的俗文學，其次才是王家貴族的廟堂文學。但從前的歷史把前者壓制下來，使其長期得不到重視。實際上民間具有鮮活力量的東西，一直在被文人學士採用，只可惜一旦進入「正統」，原本活潑潑的特質便不復存在，再度變爲「軀殼徒存」的僵屍。這樣的過程，最後持續到「反動的」清代。此時，正統的古典文學大爲發達，民間的俗文學則受到重壓。直到五四運動才終於使不合理的歷史得到改寫，民歌搜輯之風大盛，俗文學的地位煥然一新。〔註42〕

建構一種歷史，就是塑造一種現在。民國時期學術界「以歌爲學」和「引民入史」的種種努力，體現著新湧現的一代學人爲群體確認之故而欲創立時

〔註41〕 胡適：〈自序〉，頁 1～9、〈引子〉，頁 1～5，〈漢朝的民歌〉，頁 15，《白話文學史》，上海古籍出版社，1999 年。

〔註42〕 鄭振鐸：〈何謂俗文學〉，《中國俗文學史》，東方出版社，1996 年，頁 1～13。

代新秩序的強烈願望，用如今流行話說，便是試圖通過對歷史的改寫，重新
爭奪知識話語的權利。胡適的意圖，一方面是爲「文學革命」尋找歷史的根
據，〔註43〕另一方面再借助改寫的歷史，襯托倡言者的進步和必然。如其所
說：

> 我要大家知道白話文學不是這三四年來幾個人憑空捏造出來
> 的……我們懂得了這段歷史，便可以知道我們現在參加的運動已經有
> 了無數的前輩、無數的先鋒了；便可以知道我們現在的責任是要繼續
> 那無數開路先鋒沒有做完的事業，要替他們修殘補闕，要替他們發揚
> 光大。〔註44〕

在中國的傳統敘述裏，前輩和先鋒總是受人敬重的。因而如果把此中的
他們換成「天」或「道」的話，這番表述不就有了「替天行道」的至高意味
了麼？

此外，雖說是以歌謠起頭，以民間爲主，其中的演進卻遵循著由「人民
史」到「國家史」再到「文化史」的總體脈絡。胡適關注白話固然就重視民
間，但同時又聲稱他的「白話」文學史就是「中國」文學史。鄭振鐸爲俗文
學立傳，路子與胡適相同，也是一方面把民間扶爲正宗，一方面再在其頂上
冠以「國家」，使之成爲「中國俗文學史」。鄭振鐸自己解釋的意圖，是要由
此而讓人們認識「另一方面的中國」，一個體現人民發展、生活和情緒的「眞
正中國」。〔註45〕

這樣的意圖可以說一直沿襲至今。王德威在其以「小說中國」爲題的序
言裏就明確寫道：「國家的建立與成長，少不了鮮血兵戎或常態的政治律動。
但談到國魂的召喚、國體的凝聚、國格的塑造，乃至國史的編纂，我們不能
不說敘述之必要，想像之必要，小說（虛構）之必要。」只不過由於時代的
變故，立言於數十年之後的他要一改以往「中國小說」的主從關係，反過來
言說「小說中國」的發展脈絡，並強調這是未來思考文學與國家、神話與史
話的一個起點。〔註46〕

〔註43〕 黎錦熙爲《白話文學史》之前身《國語文學史》所作的序。轉自駱玉明：〈關於
　　　　胡適的《白話文學史》〉，《白話文學史・導讀》，上海古籍出版社，1999 年，頁 6。
〔註44〕 胡適：〈自序〉，頁 1～9，〈引子〉，頁 1～5，《白話文學史》，上海古籍出版社，
　　　　1999 年。
〔註45〕 鄭振鐸：〈何謂俗文學〉，《中國俗文學史》，東方出版社，1996 年，頁 1～13。
〔註46〕 王德威：〈序：小說中國〉，《想像中國的方法》，北京，三聯書店，1998 年，
　　　　頁 1～3。

　　這就是建構；是用文字的方式對民眾與國家的建構，也是對歷史和文化的建構。

　　歷史是一種知識，更是一種工具、武器和權力。當年「以歌爲學」和「引民入史」的開風氣之先者們，便是舉著這樣的工具、武器，掀起了一次次「文學革命」的社會浪潮，從而也造就了弄潮人自身的勇猛形象，贏得了指點江山的話語大權。

　　晚清以降，爲中國文學「寫史」是一個新的風氣。就連魯迅這樣極力反對舊書、反感國故的激進者也動手寫過《小說史略》。據商務印書館 1923 年的一篇〈最近文藝出版物編目〉統計，僅在「新文學運動後」的五六年裏，屬於「文學史等其他著述」者就有三十二種，比創作類的小說、詩歌和戲曲之總和（二十九種）還多。〔註47〕

　　何以如此？

　　鄭振鐸解釋的理由是中國是一個「文學大國」，但相比之下，研究的缺失與其實際身份極不相符；因此需要拓展研究，增強此「文學大國」在世界的地位和實力。他從歷史比較的角度鼓動國人，指出：中國文學的漫長歷史幾乎沒有任何其他國家比得上——

> 希臘的文學是死了，羅馬的文學也隨了羅馬的衰落與滅亡而中斷了，希伯來、波斯、埃及、印度的文學也都早巳和國運的夕陽一同沉沒於黑暗的西方去了。近代歐洲的諸國，他們的文學史又都是很短很短的，最長的不過起於中世紀，那時我們卻正是唐詩宋詞元曲將他們的最玄目的金光四射與地平線上的時候；最短的不過一世紀，那時我們是在乾隆嘉慶時代，在中國文學史上乃算是最近期……〔註48〕

此番比較，縱橫中西古今，大有世界文學捨我莫屬的氣概。然而爲了弘揚「國家形象」，竟已不惜將以往批判過的唐詩宋詞這種「貴族－聖賢文學」排在一起，甚至還把被民國埋葬了的乾隆、嘉慶也扯了進來。這不是一種自相矛盾又是什麼呢？然而即便矛盾，仍可理解。原因在於民國時期的新知識界都不得不在西方列國的強大衝擊下，面對如何處理「中國」這一遺產或包袱之共同難題。

〔註47〕參見陳子展：《中國近代文學之變遷·最近三十年中國文學史》，上海古籍出版社，2000〔1929〕年，頁 316。

〔註48〕鄭振鐸：《研究中國文學的新途徑》，鄭振鐸編：《中國文學研究》（《小說月報·號外》）1927 年，收入《民國叢書》二編（59），頁 1～19。

對於以民歌治史的學者來說，辦法有二，一是如前所述，把民歌列入「正統」，以充實「國家」氣勢和實力；一是將歌謠升爲「國學」，從史、論結合的角度，使二者互爲補充，從而完成對「中國文化」的整體塑造。這一點，胡適的〈《國學季刊》發刊宣言〉已講得十分明白。其曰：「文學方面，廟堂的文學固可以研究，但草野的文學也應該研究。在歷史的眼光裏，今日民間小兒女唱的歌謠，和《詩三百篇》有同等的位置；民間流傳的小說，和高文典冊有同等的位置……」這樣，從歷史的角度，「應該把《三百篇》還給西周東周之間的無名詩人，把《古樂府》還給漢魏六朝的無名詩人」。

爲什麼要像這樣去做呢？一句話：爲了國學。

胡適提出的口號是「用歷史的眼光來擴大國學研究的範圍」。這就是說，關注民歌、重視白話皆不過是爲了要擴大國學的範圍罷了。那麼，國學又爲了什麼？胡適作了四層回答：

國學的使命是要使大家懂得中國的過去的文化史；

國學的方法是要用歷史的眼光來整理一切過去的文化的歷史；

國學的目的是要做成中國文化史。

國學的系統的研究，要以此爲歸宿。無論時代古今，無論問題大小，

都要朝這一個大方向走。

接下來，似乎爲了強調此「歸宿」的唯一性，胡適還一氣提出了「三個只有」：「只有這個目的可以整統一切材料；只有這個任務可以容納一切努力；只有這種眼光可以破除一切門戶畛域。」〔註49〕

這樣，源於民眾和民間的歌謠說唱等「俗不堪言」的東西，在一批「國學大師」的不斷努力下，就被納入到了國家正史之中，變成可以用來同西方匹敵的「中國文化」之重要部件了。

〔註49〕胡適：〈《國學季刊》發刊宣言〉，1923 年 1 月。

第五章　「讀」的歌詞與「聽」的演唱

　　關於歌謠的含義，民國時期的關注者們大都同意與民間的「唱」有關，但遺憾的是，至少在倡導「文學革命」的陣營裏面，卻見不到多少對「唱」的論述。於是不知不覺間，民歌的豐富內涵被壓縮成印在紙上的書面文辭，其作用也只是供人閱讀而已。《歌謠周刊》編輯常惠解釋說之所以這樣，是由於他們那批發起歌謠徵集和研究的人多半與音樂隔行的緣故：既不是「製譜家」（Compositeur）也不是「音樂家」（Musician），作不出曲也認不識譜。再說歌謠研究本來就可以分為音樂的（Musique）和文詞的（Parole）兩類；既然一時不能兼顧，「本刊」與「本會」（歌謠研究會）不如就單挑出文詞來研究好了。音樂方面的問題，待有條件時再考慮吧。〔註1〕

　　這就埋下了「有詞無唱」的根子。

文學與音樂：從文本到歌唱

　　好在後來的發展也不全是這樣。《歌謠周刊》接下來發表的文章裏，也還是陸續選登了少量與演唱相關的論述，甚至還有幾篇附上了「簡譜」譜例。如二卷十三期裏的「跳粉牆」：

```
5  55 6 5   6 5 5 3  |  2  2 2   5 32   1 1 1  |
八 月裏 桂 花  香 呀 呀 呀，  九 月裏  菊 花   黃 噯 噯；

3  3  3. 5  6 1 5 3  |  2  2 2   5 32   1 1 1  |
小   小 哩 張  生      跳 過哩  花 粉   牆 噯 噯；
```

〔註1〕　參見常惠給蔚文的回信。北京大學《歌謠周刊》第4號，1923年1月7日。

```
3  1  2 2  1 3 2 1  | 6  1 1  6  1 6  0  3 2 |
好 一 個哇 蓮 鶯 姐，    你 把   門  兒 關上！
2    3     1 2 1 6  | 5 ——        0   0 :‖
嘟       一 嘟 一嘟  呀！
```

　　原作者記譜的本意倒不是分析音樂，而是藉此參與一場論戰，通過詞句與譜子的變動事例，闡明自己對「民歌是否有具體作者」的看法。其所要證明的是民間演唱與文人寫作不同：歌手們不僅有時會「寧肯犧牲字義來將就音調」，而且「常常因歌勢唱『偷聲』加字減字——甚至唱時的心情不同，加減的地方也異」。〔註2〕

　　這裡如果沒有具體譜例，且不說讀者是否能懂作者所講的「犧牲字義來將就音調」與「因歌勢唱『偷聲』加字減字」的含義為何，恐怕就連其中的「呀呀」、「噯噯」、和「嘟嘟」之類都要視為累贅而加以排斥了吧。殊不知倘若去除掉歌中的這些襯詞，它也就不能成其為歌了。可見一旦離開音樂，民歌連基本的完整都得不到保證，哪還談得上本相還原？

　　對於這點，後來的《歌謠周刊》編輯徐芳女士也發表了自己的感慨，認為假使我們有了歌謠卻唱不出來，或唱得不對，那就把歌謠的美點丟失了。由此她提出一個全新看法：「研究歌謠，第一要緊的是要會唱。」展開而論

> 　　情歌是情人們唱的歌，秧歌是農人們唱的歌，採茶歌是採茶的男
> 女們唱的歌。這些歌全不是我們這些不懂唱的人能領會的。他們都有
> 他們的唱法……〔註3〕

這段出自刊物編者的坦誠之言，多少有點彌補以往重「詞」輕「歌」之缺憾的意思，但由此卻引出了另一問題：既然不懂唱又不會聽，那又如何研究歌謠呢？作者找出了一個替代辦法——依靠個人經驗，回頭分析兒歌。她的理由是，我們都做過孩子，兒時的印象無論多少，總還有一點影子留下；只要借助回憶和分析，就有助於瞭解歌唱的情形。於是她便對自己經驗中的兒歌

〔註2〕見壽生：〈答李長之先生〉，《歌謠周刊》二卷十三期，1936年6月27日。壽生（1909～1996年），本名申尚賢，貴州省務川縣人，1929年暑期赴北平求學，作了北大的「偷聽生」，並參加「風謠研究會」。在此期間，他開始用壽生（他在家時人呼壽老么）筆名，撰寫時論和小說，在報刊上發表。參見何光渝：《胡適與貴州青年壽生》，http://www.wcnews.com.cn/wcwy/plun/hgy1.htm。

〔註3〕徐芳：〈兒歌的唱法〉，《歌謠周刊》二卷一期。1936年4月4日。

加以分類，繼而敘述其中獨唱、對唱與合唱等種種分別。比如小時候「南方的」奶媽爲她洗澡，一邊洗一邊一定要唱：

　　　拍拍胸，不傷風；

　　　拍拍背，剃災穢。

這時——作者描繪到——奶媽的手也必得在胸上、背上拍拍。接著又解釋說：「這也就可以看出她對於小孩的希望是沒病，沒災」。〔註4〕

除去依然聽不見歌唱音響的遺憾外，比起那種單一刻板的文詞記錄來，此處的描繪、解釋已不知生動和豐富了多少。

與之相似，《歌謠周刊》三卷一期上還有一篇文章分析兒歌。作者引用的是南方廣爲流傳的遊戲歌謠《張打鐵》。其歌詞如按文詞編排的慣例，大約會如下：

　　張打鐵，李打鐵，

　　打把剪刀送姐姐。

　　姐姐留我歇，我不歇。

　　我要回去學打鐵。

但因爲要突出它的音樂性和遊戲性，作者卻作了另外的處理：

　　張打——鐵，

　　李打——鐵，

　　打把——剪刀

　　送姐——姐。

　　姐姐——留我

　　歇，——我不

　　歇。——我要

　　回去——學打

　　鐵。

接著又加上了詳細而具體的「演唱」說明：

　　　唱調，是純粹語調；拍子，是「四分之二拍」；唱法，先須兩小孩各伸出左右手，和對方合攏在一起，交互摩擦一次，然後每唱一「四分之二拍」，先合拍自己巴掌一聲，以嵌前一拍；再依次將左右手向對方掌心擊去，以嵌後一拍。同時，對方也得照樣依次反擊過來。如此

〔註4〕　徐芳：〈兒歌的唱法〉，《歌謠周刊》二卷一期。1936 年 4 月 4 日。

一來一往，必一直擊拍到唱完了一遍（或好幾遍）才停。

作者最後總結說，這樣的唱法非常有趣，節奏也是很好聽的，能使孩子自然而然地踏上「由口語到歌謠的第一步」。〔註5〕

只要將前後兩種排列略加對比，誰更接近民歌原貌以及更能夠傳達現場實境，想來已無須多言。這裡還得進一步追問的是，既然如此，為什麼其他眾多論述又會離歌唱那樣遠呢？

且看梁實秋的一段闡述是怎麼分析的。在《歌謠與新詩》一文裏，梁實秋肯定了民間歌謠有助於文人新詩發展的可能，然後指出既然是詩就不能沒有音節，可現在的新詩，音節越來越弱，不能歌唱，只能吟誦，甚至出現了變為「只能閱讀的東西」的危險。為什麼呢？梁實秋認為的原因，是人類社會演進到了文明階段，「詩」開始脫離開「歌」而逐漸朝「散文」演化⋯⋯這時，惟有歌謠還遺留著「野蠻」的古風，故可以向其吸取音節的影響。〔註6〕

這就是說，由於社會的「進步」，文明人已不會唱歌，為了重新前進，還得向未開化的「原始」初民求援。

關於文明與野蠻的劃分，涉及另一個更大話題，後面再論。這裡還說歌謠與音樂關係。為此需要將論述的領域稍作轉變，把目光調向同一時期的音樂研究。

時代強音：從民辭到國歌

清末民初之際，中國的所謂「新知識界」裏面也包括著從事音樂研究的人士。因此對民間歌謠產生興趣並投身參與的也不僅限於文學一隅。當時的北京大學，除了後併入國學門的「歌謠研究會」和「方言調查會」等外，其他的學術組織當中就還有專門的「音樂研究會」。北京之外，則還有早在清末年間就已成立的「亞雅音樂會」（光緒三十年，1904）、「國民音樂會」（光緒三十一年，1905）和後來的「女子音樂協助會」（民國元年，1912）等社會團體。〔註7〕

〔註5〕 張為綱：〈「張打鐵」的研究〉，《歌謠周刊》第三卷第一期，1937年4月3日。
〔註6〕 梁實秋：〈歌謠與新詩〉，《歌謠周刊》第二卷第九期，1936年5月30日。
〔註7〕 汪毓和：《中國近現代音樂家評傳》，文化藝術出版社，1992年，頁18～19；〈國民音樂會發起（廣告）〉，《醒獅》第二期，1905年10月號；〈中華民國女子音樂協助會謹啓〉，《民生報》，1912年正月七日。

「亞雅音樂會」由一批留學東洋的音樂愛好者創辦，成立之初便有會員五十餘人。主要發起者之一曾志忞，留學於東京音樂學校，乃中國「此學先登第一人也」。〔註 8〕回到上海後，面對「舉國無一人能譜新樂」的狀況，他編出《教育唱歌集》一書，供國內從幼稚園到小學、中學各階段的音樂普及之用。曾氏領導的「亞雅音樂會」還與梁啓超合作，把梁的《黃帝》及《終業式》譜成歌曲演唱。後者的譜詞如下：

《終業式》

C 調

2 2 1 2 ｜ 3·3 5 — ｜ 6·6 6 6 ｜ 5 — 0 — ｜
國 旗 赫 赫　懸 當 中，　華 旭 照 黃　龍。

6 6 1 6 ｜ 5 6 5 3 ｜ 2 2 1 1 ｜ 2 — 0 — ｜
國 歌 肅 肅　諧 笙 鏞，　漢 聲 奏 《大　風》。

6 6 5 6 ｜ 1 — 2 1 ｜ 2 3 2 1 ｜ 6 — 0 — ｜
借 問 儀 式　何 其 隆？ 迎 我 主 人　翁。

2·3 2 1 ｜ 6 6 5 — ｜ 6 6 5 3 ｜ 2 — 0 — ｜
於 乎！今 日　一 少 年，　來 日 主 人　翁。

全歌四章，此為首章。其在「亞雅音樂會」舉辦的第一次演奏中即首唱之，令梁啓超感慨不已，歎曰「和平雄壯，深可聽」矣。〔註 9〕

「亞雅音樂會」的創建不僅既與「民」和「國」有關，而且還同「歌」和「軍」相連：一方面倡導「發達學校社會音樂，鼓舞國民精神」，另一方面同時舉辦「唱歌」和「軍樂」講習會，企望培養「文武雙全」新猛士。他們演唱的《大國民》歌即為代表。歌中唱的是「國是世界最古國，民是亞洲大國民」，於是：

我將騎獅越崑崙，駕鶴飛步太平洋，

誰與我仗劍揮刀，嗚呼！

大國民，誰與我鼓吹慶昇平。

根據當事人的描繪，當年的留日學生將此歌在告別異國的儀式上演唱，「全座鵠立，雍容揄揚，有大國民氣度焉」。〔註 10〕

〔註 8〕 梁啓超《飲冰室詩話》頁 97，梁啓超在其中感慨地說道，曾氏之前，「舉國無一人能譜新樂，實社會之羞也。
〔註 9〕 參見梁啓超《飲冰室詩話》，頁 97、120。
〔註 10〕 參見〈亞雅音樂會之歷史〉，1904 年，《新民叢報》第三年第三號，1904 年 7 月。

民國之初，發表於 1912 年的〈《共和國民唱歌集》編輯緣起〉則有進一步的發揮，強調說民國新造教育與昔迥殊，故要求音樂方面「音調雖仍其舊，而歌詞務求其新」，使少年兒童開口之初便能「生共和觀念」、「振尚武精神」。〔註11〕

或許正是音樂界裏這種持續高漲的大國民尚武氣氛，使得後來在北大「音樂研究會」擔任導師的陳仲子，也要對傳統歌謠、俗辭的「低級頹敗」倍加責難了。陳氏在拿中國音樂同西方音樂進行比較之後，一氣總結出「國樂」的諸種不足，即：聲音簡單、節奏粗略、曲調陳舊、歌詞鄙俚；接著便對現存的民歌小調一一痛斥，認爲近代以來風俗頹敗，每況愈下：京調（京劇）之類，滿是俗字俚言，「令人欲嘔」；學校兒歌「曲趣幼稚」，歌辭亦如村婆絮語，「不講聲韻，意義全無」。究其原因，全怪中國歌辭乃由「俗伶、賤優」所出……〔註12〕

陳仲子的此番言論，發表在另外幾位北大教授發起徵集歌謠之前並且在「新文學運動」之外，儘管沒有對後者的運動產生太大影響，卻體現了同一時期的另外一種聲音。

有一點應當指出的是，就在「文學革命」提出的前後階段裏，音樂界也發出了「改良國樂」的倡導。只不過其中的一些看法剛好與文學界相反，改良的矛頭不是對準貴族聖賢而是指向大眾庶民。與上述陳仲子的觀點一樣，有人也系統否定了包括民間歌謠在內的現存國樂，認爲其既無進取精神而流於卑靡，同時又缺乏音樂之學理傳授，故不能不改弦更張——向西樂學習。談到民間謠曲，此看法基本持否定態度，批評說從「崑曲」到「秦聲」莫不充滿弊端：

> 崑曲如野花，如山人。人因之以弱，國因之以衰……北曲如泥醉，如夢囈，頑人之寫照也。樂有七音，秦聲得其一，非正也，爲哀也傷，爲樂也淫。心如促，耳如窄，則純乎亡國之音矣。雜曲之辭，婢妾之聲也……嗟乎國民，其口其聲，而乃若此，其學爲奴隸也歟？

接下來分析說，若放任「市井鄙夫」繼續「恣爲撥弄」，那就不能責怪俳優而當歸罪於「今日言教育者」了。於是質問道：「卑陋淫靡若此，不有廢者，誰能與之」？爲此，特提出一套改良方案：興雅樂和軍樂，以鼓吹國民進取思想；設

〔註11〕 華航琛：〈《共和國民唱歌集》編輯緣起〉，張靜蔚編選《中國近代音樂史料彙編》，人民音樂出版社，1998 年，頁 161。
〔註12〕 陳仲子：〈近代中西音樂之比較觀〉，《東方雜誌》第十三卷第六號，1916 年 6 月。

學校音樂、公眾音樂和家庭音樂,「以樂和眾」,重整國民感情是也。〔註13〕日人田邊尚雄在其著《中國音樂史》中也提到過類似事例,指出當時「某老伶」也對風靡國內的戲曲一一評說,只不過把皇室熱衷的崑曲、西皮列入上品佳音,為「泰平之聲」、「興國之樂」,而將民間喜愛的梆子一類打入下等,斥為「亡國之音」也。依照田邊的分析,音樂界此種論說的出現實與明清以後,在官家政權的參與下,中國開始逐漸確立自己「國民音樂」的背景有關。〔註14〕

總體來說,清末民初音樂界的此派改良主張具有明顯的「反民間」傾向。他們同樣關心維新變革,但並不覺得民間在音樂上有可取之處,相反,認為只有排除「市井鄙夫」的哀淫之音,國樂才能進步。若結合同一時期中國知識觀念的整體轉變來看,這種觀點其實便是以「民智未開」說為根基的。他們同樣把「國」和「民」緊密相連,但卻認為出路在西方。可西方遠在異土,何以取之?唯一的辦法,就是引西為用,自製新樂,其中最重要的途徑便是譜寫學校新歌,於是形成了盛行各地的「學堂樂歌運動」。不是說城市裏的「文明人」已不再會唱歌、而市井鄉土的俗謠俚調也不堪承用了嗎?那就從頭做起,讓現代「樂人」來創作新歌吧。

1904 年,署名「保三」的一位作者在報刊上撰文,發表對學校教唱新編兒歌的看法,強調唱歌應為小學的必修科目。因為「唱歌者,引起兒童興趣,陶淑生徒情性,與教育上為至要之端也」。〔註15〕梁啟超《飲冰室詩話》錄有黃公度編製的《小學校學生相和歌十九章》。梁贊其為「一代妙文」。歌詞洋洋千餘言,差不多全是成人腔調:

……

勉勉汝小生,汝當發願造世界。

太平昇平雖有待,此責此任在汝輩。

華嬉極樂華嚴莊,更賦六合更賦海。

於戲我小生!

世運方日新,日進日日改。〔註16〕

梁啟超認為製作「新歌」供教學用,不是一件簡單的事。因為太雅不適,

〔註13〕匪石(名世宜,號倦鶴,1884～1959):〈中國音樂改良說〉,《浙江潮》第六期,1903 年。

〔註14〕田邊尚雄,〈國民音樂的確立〉,《中國音樂史》,陳清泉譯,商務印書館 1988 年重印,頁 237～239。

〔註15〕保三:〈樂歌一斑〉,《江蘇》第十一、十二期,1904 年。

〔註16〕梁啟超《飲冰室詩話》,頁 78。

太俗無味；而要達到雅俗兼顧，使能「合兒童誦諷之程度」，同時又不失國之精粹，更是難上加難。〔註 17〕這還不算。還有另外一難，那就是如何使歌詞同音樂並進，或將國語與新樂結合。曾志忞指出作歌難，作曲也難，原因是此二者一系文學，一系音學，「非明通亞歐詩言音律，固不足語此」。然而再難也要做，因爲這項事業既不能速，也不能緩，「是非假用歐洲通用樂譜，而和以本國歌詞權以應用」不可。〔註 18〕於是數年過去，唱歌一科，「漸爲學界所趨重」。〔註 19〕

　　通過這些事例，可以大致見出在對待民間歌謠的問題上，文學圈與音樂界的幾點異同。比如雖然同樣關注「兒歌」，「歌謠研究會」集聚的文科師生更感興趣的是其體現和保存的民風與傳統，關心愛惜它的「土」和「舊」。相反，令上述音樂界人士反感的恰恰就在於此，因而強調以新替舊，用洋代土。於是，一邊有市井庭院裏面的「張打鐵，李打鐵……」，一邊則是學堂校園當中的「……世運方日新，日進日日改」；一邊護「舊民謠」，一邊製「新兒歌」；一邊讚頌「俗語」，一邊冀望「雅樂」；一邊倡「搜集研究」，一邊重「參與實踐」；末了，一邊並歸「國學」，一邊走向「國歌」……各據一端，彼此映照。惟有一點區別不大，那就是都強調「民爲根本」，「國家至上」，並且努力在「學」的建構中，使二者得到統一。

　　在爲《國學唱歌集》作的序中，曾參與把「文明戲」引進國內的李叔同（弘一法師）就肯定了此種努力的初步成果。他先對世衰感到憂慮，言「樂經云亡，詩教式微，道德淪喪，精力災摧」；既而表示將國學「入歌」的做法或可使改之，因爲其「商量舊學，綴集茲冊，上訴古毛詩，下逮崑山曲……或譜以新聲，或仍其舊調」，故便可以名爲《國學唱歌集》。〔註 20〕

　　表面來看，古老陳舊的「國學」竟然能同音樂改良者的編製新歌相互關聯，似乎有點矛盾。然一旦深明當事人的初衷原本就是「以歌教化」、「復興國民」的話，一切又不難理解了。這樣，從「國學」根基上長出來的結果，不是「國樂」與「國歌」又是什麼呢？只不過由於國運的不倡，影響到製出的國樂也不免時常帶有哀傷的基調，甚至要援引洋人曲譜加以填詞。如：

〔註 17〕見梁啓超：《飲冰室詩話》，頁 120。

〔註 18〕曾志忞：〈教授音樂之初步〉，《江蘇》，第十一、十二期，1904 年。

〔註 19〕吳福臨：〈小學唱歌之實驗〉，《教育雜誌》，1911 年第七期。

〔註 20〕李叔同：《國學唱歌集》，上海圖書館藏本《國學唱歌集》，1905 年初版，張靜蔚編選《中國近代音樂史料》，人民音樂出版社，1998 年，頁 145。

送別

（美）奧德維曲
李叔同填詞

〔註21〕

民國成立以後，在章太炎等人的主張下，經國務會議批准，新創制的「國歌」決定採用古詩，並先交教育部編譜試唱。據當時報刊發表的記載來看，此歌以「中西合璧」的方式配搭，體例「古雅」獨特：

歌詞：南風之薰兮，可以解吾民慍兮。

南風之時兮，可以阜吾民之財兮！

樂律：	姑	姑	無	太	黃	夷	無	黃	無	黃	黃	姑	太
屬音：	角	角	羽	商	宮	徵	羽	宮	羽	宮	宮	羽	商
中樂：	工	工	四	尺	上	合	四	上	四	上	上	工	尺

西樂：3　3　6　2 ｜ 1　0　5　6 ｜ 1　0　6　1 ｜ 1　6　5　0 ‖

〔註21〕張靜蔚編選《中國近代音樂史料》，人民音樂出版社，1998年，頁145。有關討論還可參閱法政居士：《李叔同〈送別〉源流考》，http://fzhjsh.blogchina.com/1982860.html

當時的論者認為此歌的樂譜或許有誤差，但其用古詩做國歌的方式是得當的。〔註 22〕而對於這樣一種以西援中、由新替舊的做法，也有人持不同的評價，指出其不過是「五四運動」不曾影響到音樂的表現，具體現象是：「1911 年前後，真嘲受了西洋音樂的影響，開始創作新的歌曲。這種歌曲全部採用了西樂的形式和方法，但歌詞仍用舊歌詞小令的體裁。」這樣的現象，要等到「用新曲唱新歌」的風尚出現後才逐漸改變。〔註 23〕

傳統映照：從詩學到樂論

在「以學為本」的意義上，音樂界處理民間歌謠的時候，與文學圈一樣，顯然也受到了傳統國學的一種影響，那就是在把「民歌」視為精英資源的前提下，對其進行了各取所需的分解：辭入「詩」，歌入「樂」；前者升為《詩經》，統轄「國風」民謠；後者歸入《樂記》，處理「樂府」演唱。再往後推，則一個派生出「詩學」，一個連接到「樂論」，加上（後面要專門說到的）從「俗入『禮』」、「群歸『儀』」到一切歸於「禮制」的最後步驟，便完成了官與士對民歌的分析與整合。

不過如果說這種對待民歌的傳統方式在古代還能在不少「通才」那裡得到統一的話，近代以後，由於西學觀念傳入導致專業分工日趨細化的緣故，知識界的新學者們便大多只能是各重一行，相互劃界，彼此隔膜了。因此就出現了文者論文，樂者談樂，社會學與人類學者則專門研究民俗的「專才」現象。在這點上，連有「一代全才」之稱的梁啟超也無可奈何，面對「新樂」的專業問題，不得不自歎乏力，稱黃公度雖能編寫新歌，卻與己同病——不解音律也。梁感慨道：如若能解的話，則「制定一代之樂不難矣」！但由於受「門外漢」身份所限，在論及新樂究竟當用「西譜」還是「中譜」或中西各占多大比例時，其口氣也顯得吞吞吐吐，毫無自信，只得委婉曲折地建議是否不必全用西譜，而盡量參酌中國的「雅」、「劇」、「俚」三者而調和取裁之，而話說至此又連忙打住，直怕讓人生厭。有意思的是，這裡的所謂「雅」、「劇」、「俚」三者調和，實際已意味著在音樂上把官、士、民文化「合為一體」以使「國樂」得以為繼的主張。在梁看來，若照此去做，「以成祖國一

〔註 22〕詡園：〈論國歌〉，《東方雜誌》第 14 卷 2 號，1917 年 2 月。
〔註 23〕羅常培：《趙元任小傳》。轉引自黃延復：《水木清華：二三十年代清華校園文化》，廣西師範大學出版社，2001 年，頁 457～458。

種固有之樂聲，亦快事也。」〔註24〕

　　但是音樂界的專業人士憑據自己的律調學養，欲極力張揚的卻是「樂」之於國於民所不可替代的緊要作用。有的甚至把此作用強調到了超越其他的至高無上程度，認爲音樂具有同化人心的力量，故軍政用之，籍以鼓勵士氣、振作精神，使「忘利害生死之念」；而演唱樂歌，其意義在於不但圓滿感情、訓練道德、強健身體，以達教育目的之完成，而且還可以「矯正鄙俚歌謠」、「振作國民元氣」，以作移風易俗之大利器——故「其關係之重要，不亦可了然耶？」〔註25〕

　　以《東西樂制比較》等樂論著作而著名的音樂家王光祈，更是惟恐國人繼續麻木不覺，提出了一個激發人心的觀點：中國乃以音樂立國之國度，國民的身上都流著祖先「以音樂爲性命」的血液！只可惜現代的中國不幸墮落了，國民淪於對音樂不屑一顧的瘋狂之中；而欲使此況改變，讓國民們能自覺其爲中華民族，必待有識之士「重登崑崙之巔，吹黃鍾之律，使中國人固有之音樂血液重新沸騰」！〔註26〕

　　可見，雖然同樣面對歌謠，與文人志趣不同的是，音樂家們突出了其中的唱和樂。並且爲了建構「國樂」（或曰「民族音樂」）的一致性，有的還不惜把國和民、古與今整合在一起，用泛時代和超階層的民族——國家包容了聖賢與民眾的分別。這樣一來，與西學相比，包括民間謠曲在內的中國音樂便顯出了「五聲音階」（不夠豐富）、「單音聲部」（變化甚少）以及「字譜傳承」（用法簡單）等特徵與缺憾，需要在保持本貌的基礎上借西樂之長——如複調聲部、五線記譜等，使之得到弘揚和發展。〔註27〕後來有人對《綏遠民歌集》（李淩搜集、記譜）的音樂特性進行分析，把其所體現的調式等特質列入「民族音樂」整體，總結說：

　　　　一方面，作爲中國民族音樂的民歌，它是含有世界音樂的素質的。

　　但另一方面，因爲它是中國民族的，它應該有而且已經有它獨特之點。

　　因此，便不能不採用西洋的音樂理論；同時，又不能囫圇吞棗地採用

〔註24〕參見梁啓超《飲冰室詩話》，頁78。

〔註25〕我生：〈樂歌的價值〉，《雲南教育雜誌》1917年第7號。

〔註26〕王光祈：〈自序〉，《東西樂制之研究》中華書局．上海書店1989年重印版，頁1～10，該序寫於民國十三年，（1924年）十二月十六日。

〔註27〕參見王光祈：《東西樂制之研究》中的相關論述，中華書局．上海書店1989年重印版。

西洋的音樂理論。〔註28〕

此階段中，站在樂論角度關注並研究民間歌謠的專門論述還有洪波的〈論民歌曲調的運用〉〔註29〕以及冼星海的〈民歌與中國新興音樂〉等等。冼星海不僅提出應當關注民歌、搜集民歌、研究民歌，而且強調到民間去，與大眾生活在一起，「同他們一塊兒唱和，考察他們的生活，用記譜法精確地記錄他們的曲調與歌詞。」至於這樣做的目的，作者認為是「吸收民歌的優良藝術要素，來創造更豐富的偉大的、最民族性、同時也是最國際性的歌曲和器樂曲」。〔註30〕

需要指出的是，在討論歌與唱、詩和樂之關係的時候，論者當中也有不少人——尤其是兼通詩學與樂論者——不但強調了彼此的「分」，同時也注意到了相互的「合」。如董任堅的〈我國的詩與樂〉一文就指出，在中國傳統中，「詩」原本是和音樂有關係的。「三百篇」堪稱最早的「歌唱文學」。後來的詩歌因與音樂脫離關係，才漸漸成為「死的文學」。〔註31〕陳仲子也寫道：

> 古人律其辭之謂詩，聲其詩之謂歌。太史公謂古詩三千餘篇，孔
> 子刪取三百五篇，皆絃歌之……蓋鮮有聲而無詞者，是詩歌之與音樂
> 未嘗須臾離，自昔然矣。〔註32〕

這樣的分析，實際是把《詩經》視為中國古樂之源頭，闡發文學同音樂的離合意義。其效用與同期的文學家將《詩經》定為最早歌謠，而後論述民間對文人之影響一樣。

清末民初的詩學先驅王國維也加入了相關討論。1907 年，清廷尚存，民國未建，王國維在報上發表文章〈論小學唱歌科之材料〉，稱當時音樂研究之勃興為教育上的可喜現象。接著又對歌唱的內容和形式進行分析，認為唱歌科的設置，目的主要在調和情感，同時輔助修身，故重在形式（歌曲）而非內容（歌詞）。因此選擇歌詞的標準，「寧從前者而不從後者」。「若徒以乾燥

〔註28〕 朱介凡：《中國歌謠論》，臺北，中華書局，1984 年 4 月，頁 23～24。

〔註29〕 同上，頁 24。

〔註30〕 冼星海：〈民歌與中國新興音樂〉，原載延安《中國文化》創刊號，1940 年 2 月
15 日，轉引自汪毓和《中國近現代音樂家評傳》，文化藝術出版社，1992 年，
頁 155～156。

〔註31〕 薛良編：《民族民間音樂指南》，中國文聯出版公司，1994 年，頁 391～393。原
文錄自王瑞嫻〈譜頭語〉，《舊詩新曲》，1941 年。

〔註32〕 陳仲子：〈音樂與詩歌之關係〉，北京大學音樂研究會編《音樂雜誌》1920 年第
1 卷第 2 號。

拙劣之辭，述道德上之教訓」，恐怕兩個目的都會落空。如果一定要考慮歌詞
之美的話，「則今日作者之自製曲，其不如古人之名作審矣。」在進行了這樣
的辨析之後，這位以「詩」爲本、崇尚國學的著名文人還自願替歌唱的獨立
地位做了辯護，強調說「循此標準，則唱歌科庶不致爲修身科之奴隸，而得
保其獨立之位置歟。」〔註33〕強調了詩即詩，樂即樂，雖有關聯，卻又各具
效用的觀點。

　　另外一位著名人物趙元任，早年同胡適一道官費留美（1910），先攻數
學、物理，後修語言、作曲（二次留美），成爲同時在國語與國樂諸方面均
有建樹的奇才。他寫的樂論文章，行道精深；創作的新詩和譜寫的歌曲，均
盛行一時；與劉半農合作的那首〈叫我如何不想他〉更是傳爲佳話。而正由
於同時兼具詩和樂兩方面的才能，在論說二者關係時，趙元任就能夠顧及應
有的互證與平衡，並在親身的實踐中根據「國語」特點，提出「平聲譜低、
仄聲譜高」這類的要求。〔註34〕

　　說起趙元任與劉半農的合作，就還得提及胡適與劉天華。作爲當年「極
受歡迎的作曲家」，趙元任不但爲劉半農作的詞寫過譜，也替他的同學胡適配
過歌。由於曲調優美，令胡適感動不已，禁不住登臺發表感想說，「在我生活
中最悲觀、情緒最低潮的時候，我寫了《上山》來鼓勵自己。我原不認爲這
是一首好詩，經過趙博士譜成獨唱歌曲時，我覺得比我原來的詩高明多了。」
〔註35〕

　　劉天華是劉半農的胞弟，音樂方面的造詣很深。劉半農在研究歌謠的時
候，曾發出過梁啓超那樣的歎息，惜自己是個歌唱方面的「門外漢」，許多音
樂上的工作得冀望於天華。1917 年，在劉半農還沒有與沈尹默商量發起徵集
歌謠以前，劉天華在江蘇老家任教，因「究心西洋音樂有年」，受西人教會以
經語合歌的啓發，建議中國學校仿之；辦法是：取先聖經訓名言，譜爲詩歌，
令學生日常歌詠。天華認爲如若這樣，必於學生心性有益也。〔註36〕後來劉
天華也到了北京，被聘爲北大「音樂傳習所」（其前身即爲北京大學音樂研究
會）的國樂導師，有機會同兄長劉半農合作共商「國學」和「國樂」之事。

〔註33〕王國維：〈論小學校唱歌科之材料〉，《教育世界》第 148 號，1907 年 10 月。
〔註34〕趙琴：〈訪趙元任談詞曲的配合〉，1971 年，收入薛良編：《民族民間音樂指南》，
　　　　中國文聯出版公司，1994 年，頁 94～398。
〔註35〕同上，頁 94～398。
〔註36〕童斐：〈音樂教材之商榷〉，《東方雜誌》第 14 卷 8 號，1917 年 8 月。

劉半農不通樂律，但由歌謠而關注俗曲，編寫過《中國俗曲總目稿》一書，
為俗曲研究做出了「重大貢獻」。可惜仍因樂學方面的欠缺，給後人留下了批
評為「重詞句不重樂曲」的空子。更不幸的是，劉氏兄弟都英年早逝，他們
的潛在合作化為泡影。對於那時的歌謠研究來說，「這份沉痛」又豈在彼此的
「手足深情」？〔註37〕

　　這樣，由趙元任引出胡適、劉半農，又由劉半農連接到劉天華，加上先
後同在北大的周、沈兄弟——周樹人（魯迅）和周作人與沈尹默和沈兼士，
可見在民國時期的「新知識群」裏，本已存在著文學與語言、文學與音樂、
詩學與樂論間，從人事到學理的關聯互滲，只是或深或淺，若即若離罷了。

　　不過需要格外指出的是，即便在論及國樂、國歌與國學這類帶有「國家
主義」含義之話題的同時，也同樣持續著「以民為本」的聲音。如 1919 年發
表的〈國歌的研究〉一文，就明確提出，製作「國歌」必須在「民」字上發
揮，使之成為民眾的而非皇帝、總統的國歌，成為民國、民主的而非帝國、
專制的國歌。這樣的國歌須得是由程度最低的平民歌唱，因而只能採用通俗
易懂的白話，而不可接受章太炎等人沿用古詩的主張；為此特提出國歌創制
過程中一定要消除存在於民眾當中的三大障礙，即崇拜古人、盲從官家和追
隨名士。〔註38〕劉天華在積極投身「國樂改進」活動時，亦沒有忘記平民教
育的意義，希望提倡音樂的先生們不要盡唱高調，而一定「要顧及一般民眾，
否則，以音樂為貴族們的玩具，豈是藝術家的初願？」〔註39〕

　　順著這樣的梳理，便不難在民國時期歌謠研究上詩學與樂論之間的異同
與溝通了吧。

〔註37〕劉天華先劉半農而去。劉半農在為弟子李家瑞《北平俗曲略》作的序中提到
　　　本來還有許多音樂上的事「最好交給天華去做，可惜天華死了。」後來的論
　　　者評論說，「劉半農這樣說，其實是很沉痛的，只是這份沉痛，又不僅止於一
　　　己之手足深情。」參見陳泳超：〈劉半農對民歌俗曲的借鑒與研究〉，《中國現
　　　代文學研究叢刊》，作家出版社，2001 年第 1 期，頁 240～253。
〔註38〕研因：〈國歌的研究〉，《雲南教育雜誌》，1919 年第 9 號。
〔註39〕汪毓和：《中國近現代音樂家評傳》，文化藝術出版社，1992 年，頁 73。

第六章　深入鄉野，觀風辨俗

小老鴰，齊打滾，

說他男人不買粉；

買了粉，不會擦，

說他男人不買麻；

買了麻，不會搓，

說他男人不買鍋。

……

——《小老鴰歌》（河南新鄉）

1923 年 12 月，北京大學《歌謠周刊》出版了一期「週年紀念增刊」，其中的一篇文章對怎樣研究歌謠的方法和問題進行討論，把當時的研究陣營分成了四派，即注重民俗派、注重音韻訓詁派、注重教育派和注重文藝派。文章特別指出了注重文藝派的幾層困難，其中便包含對音節美（如上引歌例）和姿勢表演的難以再現。「即便將表演的動作一一注出來，我們由紙片上所得到的領略程度，也決沒有會表演的人的深刻。」作者繼而說道，歌謠的內容往往與當地的風俗習慣有關，若不對此有所瞭解並加以分析的話，就達不到真正的闡發和研究。〔註1〕

這就從學術的角度提到了一層重要關係：歌謠與民俗。

〔註 1〕 楊世清：〈怎樣研究歌謠〉，《歌謠周刊·歌謠週年紀念增刊》，1923 年 12 月。

北京大学风谣学会留影

圖二　北大風謠學會合影

由風到俗

　　歌謠與民俗的關聯問題，早在「徵集歌謠」之初就被發起者們注意到了。當年《北京大學日刊》上刊登的徵集啓事「第四條」就明確要求入選歌謠的首要資格，便是要與一地方、一社會或一時代之人情、風俗沿革有關。《歌謠周刊》「發刊詞」進一步強調歌謠是民俗學研究的重要資料。到了 1923 年 5 月，繼「歌謠研究會」之後，同樣隸屬與北大國學門的學術組織「風俗研究會」又宣告成立，成員即爲《歌謠周刊》與「歌謠研究會」的骨幹，成立的目的是爲了補原先僅限於就歌謠論歌謠的不足，力圖把視野擴至與風俗相關的環境、思想和習慣等更廣的範圍之中，並希望通過這樣的擴展，使相關的研究能夠更廣泛的同歷史學、社會學、心理學、行爲論以至政治、法律、經濟等各學科交互影響。實際上也就是要把歌謠事象的內涵及其研究意義同社會結構的整體以及學術發展的主流連通起來，進一步提升「歌謠學」的地位並盡可能擴大其將產生的影響。

　　「風俗調查會」的解釋說，風俗乃人類「遺傳性」與「習慣性」之表現，對調查者的意義是「可以覘民族文化程度之高下」，並間接爲研究文學、史學等提供良好材料。〔註2〕不久，「歌謠研究會」刊登「本會啓事」，提到歌謠與

─────────────────

〔註2〕　容肇祖：〈北大歌謠研究會及風謠調查會的經過〉，《民俗》第 15～16、17～18
　　　　期，中山大學歷史語言研究所，1928 年 7 月 1 日、7 月 25 日。

─86─

民俗之不可分離，並表示對過去工作的檢討與解釋：

> 歌謠本是民俗學中之一部分。我們要研究他是處處離不開民俗學
> 的；但是我們現在只管歌謠，旁的一切屬於民俗學範圍以內的全都拋
> 棄了，不但可惜而且頗困難。所以我們先注重在民俗文藝中的兩部
> 分……〔註3〕

所謂民俗文藝中的兩部分，是指被劃分為散文體的故事、傳說和韻文體的歌謠、唱本。回頭來看，「歌謠學運動」之所以興起的動因原本就在於為了關注民間、深入民眾、把握民情、開啟民智，當然離不開民風、民俗的範圍；不過由於最初的發起者多為文學專門家，才不得不把對象「先注重」在歌謠、故事這樣的文藝方面。隨著研究的展開和深入，連這些文科師生學者們也越來越覺察到歌謠自身的限制，遂主動提出了由「風」到「俗」的擴展，於是相當於在經過了「文學革命」的一番提升與激勵之後，再次回到了最初的「民智」與「治民」起點。從學理的角度上說，此番轉變也找得到自己的內在根據。誠如前引顧頡剛提到的那樣：在本已有了歌謠研究會之後，北京大學所以還要設立風俗調查會和方言調查會，就是希望覓得幫助研究歌謠的材料來完成歌謠的研究；而「學問必要這樣做，才可使研究者的趣味一天濃過一天，研究者腦中所懷的問題一天多過一天，而學問的重量才得一天超過一天」。此中的三個「一天……一天」，不正以學問和學者相結合的方式，極好地說明由風到俗的轉變了麼？〔註4〕

此外，漢語詞彙的「風」、「俗」、「歌」、「謠」這幾個字，含義本來就比較接近，時常被交替混用不說，一旦組合起來，還會弄得分辨不清。「風俗」、「歌謠」能夠講通，「風謠」、「俗歌」亦可成立，而再把「民」字增加進來的話，就出現了更為多樣的局面：民風、民俗、民謠、民歌，看似各有所指，其實卻又常可替代。不過結合當時的論述情況來看，在歌謠研究問題上，真正導致由「風」到「俗」之詞語轉向的，是兩個值得重視的過渡環節。

（1）歌謠：風謠——風俗

民俗學

（2）歌謠：民歌——民俗

〔註3〕王文寶：《中國民俗學史》，巴蜀書社，1995年，頁198。
〔註4〕顧頡剛：〈廣州兒甲集歌序〉，《民俗周刊》，第17、18期，中山大學歷史語言研究所，1928年7月25日。

　　使「歌謠」轉為「風謠」的重要事例是《歌謠周刊》復刊後又告成立的「風謠學會」。該會由顧頡剛、胡適、常惠和容肇祖等人發起，顧頡剛任會長，會員有周作人、錢玄同、羅常培和朱光潛、沈從文等，陣容十分強大。該會頒佈的「組織大綱」把研究對象列為三類：歌謠、故事與風俗。這樣就使「歌謠」同「風俗」連在了一起。〔註5〕後來陳夢家撰寫專文，解釋說『『風』和『謠』並是一類」。他引用了朱熹的「凡詩之所謂風者，多出於里巷歌謠之作」為證，接著發揮說「風是歌的，謠也是歌的」，國風就是民謠。〔註6〕既然風是歌的，以「風謠」用作「歌謠」的別稱也就不成問題。另一方面，「風」的含義畢竟又較「歌」者多了一層，具有與「謠」（「男女相誘」）相等的「牝牡相風」等義；謂之「風謠」便比謂之「歌謠」範圍寬泛，故「風謠學會」才能夠包含比「歌謠研究」更廣的領域。進而論之，歌謠與俗相關，「歌俗」說起不順，改以「風俗」相稱，豈不正好？

　　出乎常人預料的是，這樣的過渡竟還會涉及到「風俗調查會」組建過程中的一場命名之爭。據容肇祖的回憶，1923 年 5 月，就在北大國學門打算擴充歌謠研究，成立範圍更寬的學術團體的時候，發生了與學會名稱有關的兩種意見之爭。起初，常惠提出以「民俗」命名，張競生主張采用「風俗」之稱。有趣的是，雖然雙方都擡出西文中的對應術語 Folklore 為參證，最後卻以張競生提出「風俗二字甚現成」的說法獲勝，張氏本人也（順勢？）被推為「風俗調查會」（而不是「民俗學會」）的首領。不過若仔細辨析，除了「風」與「民」的區分外，彼此之間其實還存在較大的差異，那就是雖同樣以「會」相稱，但一個強調「學』，一個注重「調查」，分別還是明顯的。

　　然而也正是由於風俗二字「甚現成」的原因，很容易就會使其沿用者們在不經意間落入以往官家文人所謂「觀風正俗」的傳統套路裏去，而和新知識界的「民治」主張發生根本背離。因為雖都能與「俗」搭配，可「民」字的內涵卻無法由「風」替代。在這點上，張亮探於「宣統二年」（1910）出版的《中國風俗史》一書就是一個的頗能說明問題的例證。該書以古為訓，寫道：「聖人治天下，立法制禮，必因風俗之所宜」。作者的撰寫目的就在「正風俗以正人心」〔註7〕。這不就把風俗之用與教化治理合在一起了麼？其內在

〔註5〕　參見〈風謠學會組織大綱〉，《歌謠周刊》第三卷第十期，1937 年 6 月 5 日。〈風謠學會第一次年會紀事〉，《歌謠周刊》第三卷第十期，1937 年 6 月 5 日
〔註6〕　陳夢家：〈「風」「謠」釋名〉，《歌謠周刊》第二卷第八期，1936 年 5 月 23 日。
〔註7〕　張亮採：《中國風俗史》，商務印書館，1912 年。

傾向含有把「民」的主體排除在外之意。這樣的路顯然是難以長久走下去的。

於是事情就又轉向了第二層過渡：以「民俗」新語改換「風俗」舊詞，繼而再使其爲學，成爲能夠統攝民謠、風俗的新興學科——民俗學。據考證，現代漢語中的「民俗學」一詞是從日語轉引的。周作人是最早的使用者之一。〔註8〕他在 1914 年發表的〈兒歌之研究〉裏，提出可以依民俗學來審視童歌和民歌，不過並沒有就「民俗」的含義予以展開。〔註9〕大約十年以後，在主持北大「歌謠研究會」的一次常會上，周作人倡議用「民俗」取代「歌謠」，突破原有的局限，以使山水、風土以及英雄、鬼神等內容也得以包括進來。此倡議立即引起與會者的一番爭論。贊同的一方以常惠爲主，質疑的一方爲錢玄同、林語堂、沈兼士等。後者認爲如要改掉「歌謠」之稱的話，那就冠以「平民文藝」或「民族文藝」，而不用叫「民俗」，容肇祖提出若要擴大，可以把神話部分併歸「風俗調查會」辦理。最後，作爲主席的周作人做了妥協，提出雖然現在民俗學在國內尙屬空缺，很該合方言、歌謠、故事、神話等成爲一個「大學」，但鑒於條件不夠成熟，就暫持現狀，改名的事，將來再考慮吧。〔註10〕

再後來，或許是時勢使然的結果，在北大沒能辦到的事，終於在南方的中山大學實現了。1928 年宣告成立的「國立中山大學語言歷史學研究所民俗學會」，其意義在於從此將「民俗」列進了學術界有組織、有計劃、有綱領、有理論的研究之中：使「歌」與「俗」相連，並將「俗」同「民」掛鈎。顧頡剛所長在合作起草的〈本所計劃書〉裏指出，「中國學術界對於民俗的注意，也是近來的事」，因此「本所民俗學會在此方面已佔有重要的位置」。而其計劃開展的工作體現出三個方面重要的開拓。一是對民俗事象進行系統考察，二是將少數民族包含到對象之中，三是將進行國內各地和世界各國的民俗比較。〔註11〕

1928 年 3 月 21 日，民俗學會刊物《民俗》出版，其發刊詞曰：本刊原名《民間文藝》，因放寬範圍，收及宗教風俗材料，嫌原名不稱，故易名《民

〔註8〕 王文寶：《中國民俗學史》，巴蜀書社，1995 年，頁 183。王認爲是周作人「首次使用」了民俗學一詞。

〔註9〕 周作人：〈兒歌研究之意義〉，《周作人民俗學論集》，上海文藝出版社，1999 年，頁 130～137。

〔註10〕 參見〈本會常會並歡迎新會員紀事〉，北京大學《歌謠周刊》，第 45 號，1924 年 3 月 2 日。

〔註11〕 王文寶：〈廣州中山大學的民俗學活動〉，《中國民俗學史》，巴蜀書社，1995 年，頁 220～221。

俗》……接下來便喊出了「打破聖賢歷史，建設民眾歷史」的一連串著名口號。此創刊號上還刊登了鍾敬文對〈數年來民俗學工作〉的小結文章，在援引西方民俗學三分法的模式之後，指出中國民俗學開創期的成績集中在屬於第三部類的歌謠、故事方面，今後需要能爲「整個地肩任起來」而努力奮鬥。

鍾敬文所援引的西方民俗學三分模式是：

$$
\text{民俗學}\begin{cases}（1）信仰與行爲\\（2）習慣\\（3）歌謠故事及俗語 \quad〔註12〕\end{cases}
$$

這樣，一旦歌謠同「民」（民歌、民間文藝）和「俗」（習俗、謠俗）連在一起，其被納入「民俗學」的範圍就成了順理成章的事，儘管其中也穿插著這樣那樣的論爭與曲折。

「民」的擴展：從庶民到鄉民到蠻民

從「歌謠」到「民俗」的轉變，最突出的意義在於使其中「民」的含義有了重大擴展。那就是從底層的「平民」到鄉村的「農民」最後又包含了漢族以外的「蠻民」。這一點只要比較一下北大「歌謠研究會」與中大「民俗學會」的不同強調就可見出。二者的差異既有時代、地域的原因，也含有學科區分的緣故。

在北京大學的「徵集簡章」裏，歌謠關涉的「民」，以所謂「征夫野老遊女怨婦」爲代表，突出的是「民間」、「鄉土」和「另類」之義，指處在社會邊緣和城市以外的民眾群體。後來成立「風俗調查會」，把「民俗」意義引入其中，於是範圍也擴大到漢人以外，即其調查「旨趣」裏所謂對於滿、蒙、藏、回……諸民族的風俗……「尤爲歡迎」是也。〔註13〕但這樣的「旨趣」在中大民俗學會的「簡章」裏得到了完整的闡發。該簡章明確提出：「本會以調查、搜集及研究本國之各地方、各種族之民俗爲宗旨」〔註14〕，即把民間、鄉土和民族統一了起來。

〔註12〕鍾敬文：〈數年來民俗學工作的小結帳〉，廣州中山大學《民俗周刊》第 2 期，1928 年 3 月 28 日。

〔註13〕王文寶：《中國民俗學史》，巴蜀書社，1995 年，頁 203～204。

〔註14〕《中山大學語言歷史學研究所周刊》第 62～64 合刊「年報」。參見楊成志：〈民俗學會的經過及出版物目錄一覽〉，《民俗・復刊號》一卷一期，中山大學歷史語言研究所，1936 年。

從時代和學科的原因來看，「北大時期」的歌謠研究更多是由文藝的角度關注「國民心聲」。其中雖也提到「民族的詩」，但「民族」所指大體與「國民」等同，而「國民」的含義主要指平民、市民、鄉民，也就是與貴族聖賢相對的「民眾」，因此由「歌謠」引出的也就是平民文藝、民間文學和大眾文化。其可視為與當時「民主思潮」和「民治主張」的相應產物。到了「中大時期」後，民主和民治的勢頭都有所退化，同時卻把「地方」和「種族」的內容添了進來。關於時代方面的原因，容肇祖和顧頡剛等人都有過總結，主要歸為政治動亂、軍閥蹂躪和學人飄零。〔註 15〕此不詳說。但他們對地域因素的分析卻值得重視。

容肇祖的看法是雖然北大的工作已經停止結束，北大的名稱也已取消，但相關的學人散到南方卻未必是壞事。因為，研究歌謠和民俗，在南方更比北方便利。一者南方的種族混雜，不同民族的材料容易搜集；一者其靠近南洋，有與同周邊諸國文化進行比較研究的便利。〔註 16〕顧頡剛等提出了相同之見，認為中國的民族史，由於歷史的原因，北部各民族已沒有顯然的差別。南方（主要指西南），則因交通和政治方面的緣故，還保留著許多「小民族」的存在，對於他們的風俗語言社會組織，如不儘早搜集，待其也哪天消亡後就來不及了。〔註 17〕中山大學地處廣州，「對於西南諸省的民族研究，實有不可辭的責任」。〔註 18〕

在這種思想指導下，中大「民俗學會」即把其工作綱要的前三項定為了：調查兩粵各地風俗、搜集西南民族材料和徵集他省民俗。接下來出版的成果裏果然就包括了引人注目的《蛋民專號》、《廣東民族概論專號》、《瑤山調查專號》、和《雲南民族調查報告》、《西南民族研究專號》等。

這樣，「中大時期」的民俗研究，不僅使歌謠與民俗相結合，而且把範圍擴展至漢人以外的少數民族當中，從而也就使歌謠的含義由「民歌」、「農歌」延伸到了「蠻歌」，也即非漢民族之歌。對於這種擴展的意義，借用《西南民族研

〔註 15〕 容肇祖：〈回憶顧頡剛先生〉，《社會科學戰線》，1982 年第 3 期。其中寫道：
1926 年秋，「北京大學遭受了北洋軍閥的蹂躪和迫害，蔡元培校長和蔣夢麟代校長被無故撤換，不少教授相繼被迫辭職離開北京」。
〔註 16〕 容肇祖：〈北大歌謠研究會及風謠調查會的經過〉，《民俗》第 15～16、17～18期，中山大學歷史語言研究所，1928 年 7 月 1 日、7 月 25 日。
〔註 17〕 王文寶：《中國民俗學史》，巴蜀書社，1995 年，頁 221。
〔註 18〕 顧頡剛：〈瑤山調查專號·跋語〉，《國立中山大學語言歷史研究所周刊》第四集，第四十六、四十七期合刊，1928 年 9 月 19 日。

究專號》的「編後」語說,「這才是對中國語言歷史的一種新建設啊!」〔註19〕

再結合整個民國期間的「國運」演變來看,如果說「北大時期」的歌謠研究主要受「民主思潮」影響的話,中大時期的民俗調查則開始體現「民族主義」的意蘊。也就是說,前者突出的是對打破官、士、民「三級社會」的傳統模式、喚起國民大眾之進取潛力的革命熱情,後者則在實際地響應著經由「五族共和」道路,復興「民族─國家」的建設主張。

國立中山大學位於南方的革命重鎮並以民國之父的名字命名。而就在學校的師生積極開展各民族的民俗調查時,孫中山已將其早期的「三民主義」做了修正和發揮,把「逐出韃虜」的口號向「五族共和」的主張傾斜,申明民族主義的意義在於扶持國內弱小民族和抵禦國外列強入侵。〔註20〕而在之此前,北洋政府卻已漸因「賣國」而遭唾棄了。〔註21〕

「歌」的充實:從故紙到書齋到現場

在中大出版的《瑤山調查專號》裏,有一篇關於搜集瑤歌的小記。其中寫道:

> ……舞歌的搜集,是我們到瑤山第一日開始的。當我們問及他們的山歌時,因為大家都很生澀,他們頗有點訕訕地,只笑著可堅持著不肯說。經過了再四的要求和解說,似乎有點卻情面不過,才彼此推推慫慫,末了由一個比較年長的人,審慎地給我們說了一條。這就是《春到了,滴滴搭搭地整犁耙》的一首……
>
> 這風聲漸漸傳了開去,村裏的人都知道我「會使用番字唱歌」,才有幾個稍微能夠識得漢字的來替我解釋。我的信用漸漸推廣了起來,到後來每到了黃昏時候,我從碉樓上提著燈拿著紙筆下來時,便總有七八個人迎著說:

〔註19〕〈西南民族研究專號〉,《國立中山大學語言歷史研究所周刊》第三集,第三十五、三十六期合刊,1928年7月4日。

〔註20〕孫中山:〈國民政府建國大綱‧1924年4月12日〉,《孫中山文選》,上海遠東出版社,1994年,頁248~250。

〔註21〕參見〈段祺瑞賣國政策〉,《戊午周報》第23期,1918年10月20日,《紀事》,頁21~24。轉自翦伯贊、鄭天挺主編:《中國通史參考資料‧近代部分》,修訂本下冊,中華書局,1985年,頁469~473。

　　　　"Sen san, shwan gǎa la　yàr 敘"
　　　　先　生　唱　歌　哪　呀？

　　　於是，大家圍著攏來，七嘴八舌。談論的談論，喧笑的喧笑。醉人底帶著酒的氣息和煙斗中的濃煙窒住了我底呼吸，在嗆咳和昏擾中我竭力鎮定著逐字逐句去搜求他們的解釋，寫成章片。」

　　這段敘述裏面，雖還存在著彼此不同的「我們」與「他們」，但雙方的交遇方式和場景都發生了很大變化。「他們」不再是被徵集來的陌生材料，而成了朝夕相處的真實人群。與此同時，「我們」也已走出書齋，離開城市，來到異族的山寨，通過同在一地的生活，並借助已事先預備的『番語』能力，建立了初步的信用關係。並且為搜集民歌所付出的艱辛和樂趣，也不可以昔日的坐而論道相比。

　　儘管如此，隔膜仍然存在。

　　　最初我們所能得到的歌，只是普通無甚意味的歌。問到情歌，是絕對地不承認有的。後來有一個少年無意中泄漏了一首，我便得以此作範，用力徵集，好容易得了七首之後，給那位趙××知道了。他老大的不高興，當場用瑤語責備了那些講情歌給我聽的人一頓，並且禁止他們再談。以後幾晚，他晚晚都來監督著我這『危險的人物』，不使我和他們有接觸的機會。〔註 22〕

　　也就是說，由於社會和文化方面的差異，在「我們」對別人的情歌深感興趣而欲採集的時候，人家卻視此種舉動為不軌；非但嚴遭禁止，甚至連累旁人，使本已建立的信用關係險些一毀。

　　從嚴格的民俗學意義上說，此「瑤歌」個案的交代並不完備，結構也較單薄，並且在山民稱謂的使用上還承繼著過去的「犬」旁，〔註 23〕仍含有對「蠻民」的歧視。但儘管這樣，其所體現的實地考察精神已足以映照過去的單一「書齋研究」之不足了。在如此曲折生動的描述面前，有心的讀者不僅要問，以往僅從報章文字孤立見到的那些「民歌」是真實的嗎？它們是如何地在鄉民的生活裏存在著，又怎樣地被「搜集」到學者筆下去的呢？都說歌謠體現民眾的生活，那究竟是何樣的生活呢？換句話說，在歌和俗之間，究

───────────────

〔註22〕石聲漢：〈瑤山調查專號·瑤歌〉，《國立中山大學語言歷史研究所周刊》第四集，第四十六、四十七期合刊，1928 年 9 月 19 日。
〔註23〕作者的原文裏，「瑤山」和「瑤歌」都沿用的是「犬」旁，今改。

竟包含著多深的關係？

對此，石兆棠的《僮人調查》〔註 24〕可作另一說明。該作以調查報告的形式寫出，描述廣西柳江與南河一帶「僮人」民俗的基本狀況，內容包括對地域環境、歷史簡況及家庭組織與經濟生活等方面的介紹。其中列有專門的「唱歌習俗」一節，在具體描述時，首先注意對本地「土語」的保留，如唱歌記為「唱 van」，並用括弧注明「van」的讀音為「彎」；然後又提到「端陽的賽歌」，介紹說：

> 在端陽節的時候，他們穿起新衣，這個村和那個村的，隨山逐山一路對歌去，如果某一邊對不下去，這就算輸了；得勝的，回到自己家中殺雞食。〔註 25〕

這是怎樣的一種有趣情景啊。歌俗一體，其樂融融。若不是通過這樣的描寫見到，單憑「有韻的」歌詞又怎麼能想像得出呢！

另有一篇關於瑤山調查的報告也值得一說。其中雖然沒有專門論歌，但卻在介紹喪葬儀式時提到「巫師誦經」的過程。調查者寫道，他們（指廣西三江一帶的瑤民）的經卷記的是漢字，「都是些鄙鄙俚俚的七言詩」。〔註 26〕作者記得的有「山中自有千年樹，世上難逢百歲人」之類。根據瞭解，在舉行喪葬儀式的時候，當地「巫師」一般要能熟背經卷才敢上壇。誦念之時，「除卻咚咚小鼓之外，還加上鐃鈸聲，小鑼聲，大鑼聲，音韻紛雜」。之後，把疏焚化。「孝子自孝堂奔出，伏在巫師之後。巫師前後鞠躬凡三次，孝子又奔入孝堂中去。」……這時調查又特別指出，「他們的誦經是有一定音調的，用簡譜表示出來，可有兩種，循環唱著」：

132 — ｜1123｜16— 0｜332 — ｜3323｜16— 0｜

這就不僅把歌謠之「歌」的範圍擴大到了祭祀誦詞之中，而且詳細記錄了其具體開展的生動場面。

由於擁有詳實的一手材料，許多與歌謠相關的民族文化及社會歷史問題也就自然引申了出來。比如，為什麼南方瑤民的山歌跟《楚辭》裏的九歌一

〔註 24〕原文使用的仍然是「犬」旁，今改。「僮人」是從前的舊稱，1950 年代後改叫「壯族」。

〔註 25〕石兆棠：〈僮人調查〉，《國立中山大學語言歷史研究所週刊》第三集，第三十五、三十六期合刊《西南民族研究專號》，1928 年 7 月 4 日。

〔註 26〕任國榮：〈瑤山兩月觀察記〉，《國立中山大學語言歷史研究所週刊》第四集，第四十六、四十七期合刊《瑤山調查專號》，1928 年 9 月 19 日。

樣，「都是七言的格式」？這是否意味著北方的歌詞是先由四言（《詩經》）、五言而漸爲七言的呢？再有，南方的瑤人、苗人和漢人一樣，都流傳著「甲子歌」，彼此之間究竟是誰影響誰？石聲漢指出這些都是關係到中國文化與漢族起源的重大課題，值得結合語言歷史各方面力量深入研究。〔註27〕

　　進而論之，以民俗學方式實地考察歌謠的意義還不僅限於此。當時的參加者曾說過：

　　　　「我們未進瑤山前，那憑空設想，紙上談兵的先生們，對我們說了不少的可怕的話頭，說得瑤山如何險阻，瑤人如何兇悍，身軀如何強壯，性質如何勤苦，收入如何富庶……像煞有介事的。」進入之後，才曉得「沒一句不是騙小孩子的」。〔註28〕

　　作者感慨道：「『百聞不如一見』，眞正不錯啊！」對此，顧頡剛作爲組織者和評論者就勢發揮說，這幾句話，不僅揭穿了瑤山的神秘，而且給予我們一個暗示：許多古人傳下來的神秘，同樣可以揭穿，當它的威嚴消失以後，「原來只是『沒有一句不是騙小孩子的』」。於是這便與顧本人在國史研究上堅持的「疑古」思想呼應起來，形成另一層意義上的雅俗互證。

　　顧頡剛進一步總結說，深入實地進行考察的又一結果，是通過報告的發表使大家知道天地間有所謂「西南民族」，並知道在學問中有所謂「西南民族研究」也者。〔註29〕

　　爲了實現在不同民族、不同地區的現場採集，在調查的方法和準備上，這一時期的工作也有著顯著的改進。一方面設計了較爲完整的調查大綱，另一方面積極安排對參與人員的事前培訓。調查大綱的設計，在北大的「風謠調查會」成立時就有過先例，可惜未能很好實施。正式的調查大約只有一次，而且地點就在城郊，時間三天，經費僅有五十元。成果還是到了中大以後才由《民俗周刊》整理爲其「民俗叢書」之一出版。〔註30〕在培訓方面，中

〔註27〕 石聲漢：〈瑤山調查專號·瑤歌〉，《國立中山大學語言歷史研究所周刊》第四集，第四十六、四十七期合刊，1928 年 9 月 19 日。

〔註28〕 任國榮：〈瑤山兩月觀察記〉，《國立中山大學語言歷史研究所周刊》第四集，第四十六、四十七期合刊《瑤山調查專號》，1928 年 9 月 19 日。

〔註29〕 顧頡剛：〈瑤山調查專號·跋語〉，《國立中山大學語言歷史研究所周刊》第四集，第四十六、四十七期合刊，1928 年 9 月 19 日。

〔註30〕 參見顧頡剛《妙峰山》自序，國立中山大學「民俗叢書」《妙峰山》，1928 年 9 月。當年的考察內容曾在《京報》副刊連載，但顧頡剛抱怨說，因爲北

大的民俗學會以民俗傳習班的形式給學員授課,講師裏的顧頡剛、容肇祖、鍾敬文和楊成志等都是當時發動從歌謠到民俗研究的著名人物。其中的課程內容範圍很廣,除了理論性的歌謠概論、民俗學概論、民間文學與教育和心理學與民俗學等外,還特別開設了有關的實際操作的整理傳說的方法、搜集風俗材料的方法等等。〔註 31〕

正因為有了在人員和方法上的周全考慮,不但使包容於民俗中的「歌」,在內涵上得到明顯的充實,同時也導致了其在研究方面的另一個必然變化──

「學」的延伸:從歌謠(學)、民俗(學)到人類(學)

關於歌謠學到民俗學的演變,前面已作了大致論述,這裡著重評介人類學的介入及其意義。為此必須提到三件相關的事。一是人類學的引進,二是蔡元培的連通,三是中研院的建立。

即便不說「早於」的話,至少在與民俗學被介紹的同期,人類學也就被引進到了中國的新知識界之中。1901 年,第一本有關人類學進化論的著作《家庭制度進化論》從日本引進中國。該書是日本人在斯賓塞(H. Spencer)和摩爾根(L. H. Morgan)的理論基礎上編寫的,堪稱「經日本學者之手融合英國社會學和美國民族學之著作的中譯本」;而上海,這個中國的「外國人的首都」則理所應當地成了其出版地。〔註 32〕後來便陸續有人類學著作經由日本引入中國。後世論者中有人認為,這種引進「實際上是一種政治行為」:因為將它們譯成中文的留日青年多具有革命思想。他們希望通過引進西方的進化理論來反對「君權神授」之正統學說,並警示人們,中國陳舊的傳統不能達到人類知識的頂峰。〔註 33〕1903 年,《群學肄言》、《民種學》被嚴復與林紓等人翻譯出版,於是大體完成了對引進西方人類學相關理論的結構性開創。《群學肄言》(*Principles of Sociology*)與《民種學》(*Ethnology*)就是後來的「社會學」

京大學的經艱窘,「所以這些報告文字竟沒有匯合出一專冊的可能」。

〔註31〕楊成志:〈民俗學會的經過及出版物目錄一覽〉,《民俗·復刊號》一卷一期,中山大學歷史語言研究所,1936 年。

〔註32〕〔美〕顧定國:〈中國人類學逸史──從馬林諾斯基到莫斯科到毛澤東〉,胡鴻保、周燕譯,社會科學文獻出版社,2000 年,頁 29。

〔註33〕張壽祺:〈19 世紀末 20 世紀初「人類學傳入中國考」〉,《社會科學戰線》,1992 年第 3 期,頁 319～327。

和「民族學」。二者一個注重族群內部的階層與聚散，一個突出族群之間的異同和關聯，正好符合清末民初解決中國問題的時代需要。而人類學作為二者兼具的學問，從清末到民初均被列為官方「欽准」的大學課程而地位日顯就不足為怪了。〔註34〕

　　不過使人類學理論在民國紮根和傳播的重要人物卻是蔡元培。1918年，就在劉半農等人倡議徵集歌謠的同年，第一本由中國人撰寫的《人類學》專著出版，而作者陳映璜不久就在蔡元培掌校的北大開設了「人類學和民俗學」課程。在中國社會和學術界「開始討論新的學科體系」的時期裏，蔡元培實際扮演著通過溝通協調新學科與新學人之間的複雜交錯關係，而使現代中國之學科體系逐漸建立的關鍵角色，並由此獲得了「諸多學科之父」的名稱。〔註35〕而由於他本人具有的西方人類學背景及其開創性論述，甚至被視為在中國嘗試運用民族學研究「非漢民族」（少數民族）的第一人。〔註36〕說到人類學與歌謠研究的關聯，蔡元培的最大作用則是離開北大後在南京組建中央研究院——在其組織領導下，該院的人類學機構對中國多民族的歌謠、民俗進行了更為全面深入的考察研究，從而使民國的歌謠研究進入了另一個新的階段——「南京時期」。在此時期，由「民歌」而「國學」的研究又因官方的組織參與而具有了「國策」的屬性。

　　「南京時期」的開始，始於「北京時期」的中止和「廣州時期」的延伸。美國的韋慕庭（Wilbur, C. Martin）在《國民革命：從廣州到南京（1923～1928）》一文裏，著重分析了這一時期的幾個特點：民眾的廣泛發動、政權的再次統一以及國民政府的重新創建。〔註37〕南京政府成立後不久，蔡元培便被任命為中央研究院首任院長併兼任民族學組組長。由於中研院被官方確定為「全國最高學術研究機關」，〔註38〕蔡元培領導下的民族學研究自然就具

〔註34〕1903年，清政府頒佈的〈大學學制及其學科〉正式將「人類學」列為文科課程。1911年，民國教育部沿用舊制，繼續把人類學定為大學的文科主課。參見林超民：〈人類學在中國〉，陳國強等主編：《中國人類學的發展》，上海三聯書店，1996年，頁27～42。

〔註35〕〔美〕顧定國：《中國人類學逸史——從馬林諾斯基到莫斯科到毛澤東》，〈引介外國學說〉，胡鴻保、周燕譯，社會科學文獻出版社，2000年，頁27～45。

〔註36〕龍平平：〈舊中國民族學的理論流派〉，《中國民族歷史與文化》，中央民族學院出版社，1988年，頁191～207。

〔註37〕費正清主編：《劍橋中華民國史》（1983），章建剛等譯，上海人民出版社，1991年，頁571～772。

〔註38〕王建民：《中國民族學史》（上），雲南教育出版社，1997年，頁107～111。

有了國家意義的範式威權。在這一時期裏，原創於廣州中山大學的語言歷史研究所被轉到了中央研究院的屬下，並把當年北大歌謠運動的主要發起人劉半農等「招安」進來，同時彙集一批受過專業訓練的新生力量，如凌純聲、林惠祥等，組建了實力雄厚的「國家隊」，專門從事包括歌謠、民俗在內的人類學調查與研究。而由於蔡元培個人具有的學養和見識，使其不但能「高屋建瓴地對北大和中央研究院進行正確領導，成為人們公認的『人世楷模，學界泰斗』」，並且因積極倡導和組織多項實地調查，使中國的人類學研究形成了「一個優良的傳統」。〔註 39〕

以「北京時期」和「南京時期」的比較來看，胡適曾通過對北大的埋怨表達出對中大（中央大學）的寄託。在後者舉行的宴請會上，他以大學委員會委員的身份先說：「今者北大同人，死者死、殺者殺、逃者逃，北大久不為北大；而南高經過東大時期而成中央大學，經費較昔日北大多三倍有餘，人才更為濟濟。」然後表示希望後者取昔日北大而代之，通過「激烈的謀文化革新」而成為「全國文化重心」。〔註 40〕

在此一新的「全國文化重心」推動下，人類學的歌謠研究結出了不少注重實地調查的成果。其中可以凌純聲的《松花江下游的赫哲族》（1934）和《湘西苗族考察報告》（1947，與芮逸夫合著）以及陳志良的《廣西特種部族歌謠集目錄》（1942）和陳國鈞的《貴州苗夷歌謠》（1941）等為代表。

有關民歌民俗的實地搜集和考察，雖然自歌謠學和民俗學階段就已起步，但若與後起的人類學階段相比，早期的缺陷仍十分明顯。其中的最突出之處被認為在於學者未經訓練以及由此派生的調查不夠深入。當年的參加者承認「對於觀察方面已不能臻於縝密，文字上更是糊裏糊塗，記載下去，也是毫無系統的」。〔註 41〕因而不過只是「將途程所記稍加整理，以貽相知」。目的為何呢？「聊供茶後酒餘談資而已」。〔註 42〕

〔註39〕 段寶林：《蔡元培與人類學》，中國民俗學會等編：《中國民俗學年刊》，1999年，上海文藝出版社，1999年，頁 48～61。

〔註40〕 《胡適日記》，1928 年 5 月 16 日、5 月 21 日及所附剪報。轉自羅志田：〈個人國家：北伐前後胡適政治態度之轉變〉，《亂世潛流：民族主義與民國政治》，上海古籍出版社，1999 年，頁 226～274。

〔註41〕 當年到瑤山調查的中大學者任國榮等是生物專業出生。他們的調查初衷也並非民俗，而不過是「採鳥之外」的順帶結果而已。有關批評參見王建民：《中國民族學史·上》，雲南教育出版社，1997 年，頁 113。

〔註42〕 黃強：《五指山問黎記》，1928，香港，頁 1～2。轉自王建民：《中國民族學史·上》，雲南教育出版社，1997 年，頁 113。

　　淩純聲等民族學、人類學者的表現就不是這樣。其目的、背景和理論、方法都發生了很大變化。南京國民政府領導下的中央研究院歷史語言研究所，自成立之初就把對內地和邊疆少數民族的調查定爲民族學組的主要任務，並不斷派遣專職人員深入各地開展調查。1929 年淩純聲遠赴東北松花江地區，通過其被譽爲「中國第一次科學田野調查」的工作，〔註43〕完成了「破天荒」的著作——第一部由中國學者撰寫的具有規模的民族志專刊《松花江下游的赫哲族》。〔註44〕其中就包含了對赫哲族歌謠的考察描述。

　　淩純聲在東北松花江調查赫哲族歌謠的辦法是「耳聽口唱」，即先聽當地歌手唱，邊聽、邊學、邊記，經過無數次重複，直到記完學會爲止；然後再反過來把學會的歌唱給對方聽，「經過幾個人說不差，就算學完一曲。一共學了二十七曲；對於赫哲唱歌已得一個大概情形。」這還沒完。爲了不至於學了忘掉，每晚還要把所有的歌從頭到尾再唱一遍；從調查地返回之後，又請懂音樂的先師劉天華等共同整理，加上五線譜標記，使之成爲可以按譜演唱的樣式。在文字記錄上，採用了嚴格完整的「四結合」方法，即歌詞記音（國際音標）、歌詞音注（漢語音譯）、歌詞漢譯（意譯）和歌詞注釋（解釋）。調查者自己說，唱歌本是樂事，但如此的唱法，卻「乃是苦工了」。當然善有善報。若干年後，當回答後人的問及時，由於記憶深刻，調查者竟「還能不假思索，立即就按赫哲族的原歌原譜，唱了起來」。〔註45〕

　　淩純聲留學法國，受過專門的人類學訓練，師從著名的人類學家莫斯等人，回國後被聘爲中央研究院專任研究員。上任不久即接連不斷地投入到對中國各地民族文化的實地考察之中。1933 年 5 月至 8 月，他又與芮逸夫等一道，接受派遣，深入湘西的鳳凰、乾城、永綏一帶，經過從地理人文到經濟文化的全面調查，完成了《湘西苗族考察報告》。其中專列歌謠一章，記錄分析了對「苗歌」的考察總況。報告首先指出，歌謠在苗人的生活中，特別是在各種儀式中，佔有很重要的位置；接著從記憶傳習的角度把苗歌分爲「儀式歌」與「即興歌」兩種，解釋說由於採集上的困難，調查的重點主要爲前者。後來爲了分析的需要，又從性質上把搜集的苗歌再作劃分，即儀式歌、

〔註43〕王強等編：《中國現代民間文藝學家‧第一分冊》，中央民族學院出版社，1988年，頁 131～140。

〔註44〕徐益棠：〈十年來中國邊疆民族研究之回顧與前瞻〉，《邊政公論》，1942 年第一卷頁 5、6；吳文藻：〈中國社區研究的西洋影響與國內近狀〉，《社會研究》，1935 年，頁 101、102。

〔註45〕參見朱介凡：《中國歌謠論》，臺北，中華書局，1983 年第 2 版，頁 41～42。

遊戲歌、情歌與敘事歌四類。搜集的辦法依然採用與在松花江調查時一樣的「耳聽口唱」。學完記下之後，再用音標意譯與樂譜結合的樣式記錄下來。如情歌《請媒求媳》──

原歌標音：

tʂeŋˇ　k∂ɣˇ-ʂ∂ɣ˄　nεˇ　neŋˇ
請　媒　　求　媳

Meiˇ*-zeŋˇ* tʂeŋˇ loˇ　ʨiε˄　ta˥–luˇ敘
媒　人　請　來　已　騾

k∂ɣˇ-ʂ∂ɣ˄　wuˇ* huaˇ*　ʨi˥-tε teŋˇ
媒　妁　　無法　止　步

ʨiaˇ　q'uˇ jaŋ˄*　∂ɣˇ* baŋ˄ da˄* huˇ*
不　愛　養　　兒　靠　大　富

ʨi˄-q∂ɣ˄ to˄　mεˇ-naŋˇ çioˇ　neŋˇ
訪　得　你們　的　小　媳

漢譯：

請媒求媳（其一）
媒人請來已上騾，媒妁無法再止步。
不愛養兒靠大富，訪得貴府的小女。

……（略）

注釋：

附記
以上兩首是男家央媒向女家說親，女家留飲時唱的歌。（參看「家庭及婚喪習俗章」〔一〕「婚姻」）。

歌譜：

　　　　　　　　　tʂeŋˇ　k∂ɣˇ-ʂ∂ɣ˄　nεˇ　neŋˇ
C 調　　　請　媒　　求　媳　　　　3/4

1　　1　　1 6－｜5 6 65 3　54 3｜5 6 6 65｜4・3　　0｜
Meiˇ*-zeŋˇ* tʂeŋˇ loˇ　ʨiε˄ ta˥–luˇ敘　k∂ɣˇ-ʂ∂ɣ˄ wuˇ* huaˇ* ʨi˥-tεˇ　　teŋˇ
媒　人　請　來　已　騾　　媒　妁　無　法　　止　　步

$\underline{1}$　　1　　1 6—　|　5　6　65 3　5　6　|　6 5 3　5·6　|　5·43　0‖

ţiaˇ q'uˇ jaŋ^* ∂ɤˇ*　　baŋ^ da^* hu^* ţi^-q∂ɤ　^ to^　mεˇ　naŋˇ çioˇ neŋˇ

不愛養兒　　　靠 大 富　訪　得　你們 的　小 媳

　　關於苗歌的「樂調」，《報告》認為其十分簡單，大同小異，「讀者如果會唱了一首，大概就會唱其餘的各首了」，故只用簡譜標記其一。而由於注釋部分對「婚姻」一節的提示，實際形成了「歌謠」分析與全書各章的關聯呼應，也就是如今所說的「互文性」（Intercontext）效果，凸顯著考察苗歌的社會文化意義。

　　什麼樣的意義呢？結合調查者有關政治、經濟的論述來看，其當為對苗族歷史現狀的綜合分析以及由此引出的國策建議。例如提到苗官制度，報告人認為既然設立了現代的鄉鎮長，就應早日將已成累贅的苗官革除，以改「漢苗分治」的舊弊。軍事屯田方面，因苗中亂事常由屯田而起，故建議「改屯升科，以求根本的解決」。〔註46〕等等，不一而足。

　　《湘西苗族考察報告》撰寫於 1940 年。據書後的「參考書目」來看，有關歌謠研究的部分參閱了當時可見的前人成果，如周作人的《歌謠》、胡適的《歌謠的比較研究法的一個例》、胡懷琛的《中國民歌研究》以及英文的 *Introduction of Folklore*（注明有鄭振鐸的漢譯本《民俗說淺說》）等等；而加上研究者與劉天華和趙元任等的師從關係，亦不難見出其與文學、語言、音樂和民俗各界的連通和承繼。不過相比起來，作為一部力圖全面反映苗民狀況的考察報告，被該著參引最多並與之聯繫最緊的還是政治、經濟、軍事和歷史、文化類著述，如呂思勉的《中國民族史》、吳澤霖的《貴州短裙黑苗的概況》、余範傳的《湘西苗區屯防鈞屯田土沿革》和前朝段汝霖的《楚南苗志》、湘良的《湖南苗防屯政考》，以及西人撰寫的 *The Miaotze and Other Tribes in Western China*（1894）、*Among the Tribes in South-West China*（1911）等〔註47〕。

　　考察報告包括族稱、地理、經濟生活、家庭及婚喪習俗、政治組織、巫術與宗教、鼓舞與遊戲，以及故事、歌謠和語言，共十二個主題。主要篇章由淩純聲負責。故事、歌謠和語言部分為芮逸夫起草。後世論者中有人把該

〔註46〕淩純聲、芮逸夫：《湘西民族調查報告》，國立中央研究院歷史語言研究所，單刊甲種之十八，商務引書館 1947 年 7 月版，1993 年 3 月重印，頁 112、126。
〔註47〕這批西洋著作中，有的被陸續翻譯引進。比如 Among the Tribes in South-West China（1911 年）等。參見克拉克（Samuel. R, Clark）：《在中國西南的部落裏》（1911 年），中譯本，蘇大龍、姜永興譯，貴州民族研究所編印，1985 年。

報告同通常意義上的人類學「民族志」相比，認爲故事和歌謠部分屬於「娛樂休閒」類，可被暫時去掉。那樣，「剩下的幾乎就是民族分類文章中界定族系群體的各項依準了」。也就是說，在規範的人類學報告中，歌謠研究只是無足輕重的陪襯而已，眞正重要的部分在於從族稱、地理到經濟生活和政治組織等其他事項。論者進一步分析說，結合其後的論述脈絡來看，芮逸夫代表的民族志範式，體現著近現代中國知識分子「力爭世界性地位」的潛意識。其相關著述的呈現和傳播，目的還在幫助讀者「認識中國」，或者說，「心中擁有中國」。〔註48〕

　　如果說淩純聲等的考察報告以中央研究院的資格代表了「國家級敘事」的話，陳志良的《廣西特種部族歌謠集目錄》則以同樣的參政情懷體現著「地方性表達」。作者受聘於廣西省立「特種教育師資訓練所」，肩負著爲地方培訓國家所需之土著人才的重任。出於服務於行政、教育乃至抗戰的考慮，陳氏邊授課邊調研，從民族和民俗的角度採集了二千五百餘首「特族」民歌，在省府編譯委員會的委託下，以《廣西特種部族歌謠集目錄》出版，將自己的成果彙入到當時日顯重要的邊疆研究之中，冀望著成爲國家治理邊疆少數民族區域的某種依據。

　　與淩純聲等人相似，陳志良的著述也承繼了此前歌謠研究的相關成果。他參引較多的是胡懷琛與鄭振鐸對「民歌」與「俗文學」的闡述，以及胡適有關中國文學「地域分類」的描繪。僅就承繼方面而言，陳氏比較突出的貢獻，一是通過分析土著語言裏與「歌」相關的系列詞彙（「分」、「加」、「頌」），提出其與遠古「風雅頌」的關聯假說；一是從胡適所謂中國文學分爲京話、吳語與粵語三大方言區的判斷出發，主張應再增加此三者之外的「苗瑤語文學」。不過從陳氏本人的解釋來看，他最爲關懷的卻不在文學而在政治。他強調指出對作爲中國的地方行省之一，廣西面臨著三個日益重要的問題，即邊疆問題、民族政策與特族文化。所謂「特族」，也稱「特種部族」，是當時對

〔註48〕謝世忠：《類含與全述/典型與異型：芮氏中國民族志的半個世紀》，徐正光、黃應貴主編：《人類學在臺灣的發展──回顧與展望》，臺北，中央研究院民族學研究所，1999 年，頁 319～356。值得對照的是，人類學家林耀華也在此期對西南少數民族作了實地調查，他的調查報告《涼山彝家》雖沒有將歌謠類列入，卻仍獲得了國外學者認爲其內容已將對象「社會學上之事實完全網羅無遺」的評價。參見鳥居龍藏的相關書評，原載 1948 年《燕京社會科學》，收入林耀華：《涼山彝家的巨變》，商務印書館，1995 年，頁 277～278。

西南地區苗瑤、壯（僮）侗諸語系少數民族的總稱。陳志良認爲由於地方政府治理得當，當地社會發生了很大改觀，而抗戰以來，「舉凡特種區域之考察、特族教育之舉辦、特種文化之提倡」，更爲礪進，致使境內特族「景從歸附」，一反明清之舊態。在此種認識的基礎上，陳氏發表了對「治民」與「知民」關係的己見，指出：

> 夫治民必先教民，欲教民必先養民；欲養民、教民、治民，必先了然各該族之情況，然後可對症下藥，方克有濟；否則隔靴搔癢，必勞而無功。〔註49〕

在他看來，若能通過從「知民」到「教民」的有效治理，則邊地特族非但不再野蠻可怕，反倒可望成爲建設國家的生力軍；〔註50〕那樣的話，「非特國家之福，亦民族之幸也」。〔註51〕

　　與此相似，陳國鈞的《貴州苗夷歌謠》也對西南少數民族的歌謠文化進行了詳細考察。其中總共採錄歌謠一千多首，按當時的族群識別來分，包括——

A，族群

　黑　苗：178 首

　花　苗：39 首

　青　苗：36 首

　白　苗：16 首

　生　苗：12 首

　花衣苗：4 首

　水西苗：25 首

　仲家苗：656 首

　侗　家：26 首

　水　家：5 首

B，分類

　敘事歌：10 首

〔註49〕陳志良：《廣西特種部族歌謠集目錄・序一》，中央銀行經濟研究處，1942 年，頁 1～2。

〔註50〕同上，1942 年，〈第八章・特族歌謠的價值〉，頁 76～80。

〔註51〕同上，〈序〉，頁 1～2。

酒　歌：23 首

婚姻歌：7 首

喪　歌：7 首

勞作歌：8 首

兒　歌：7 首

情　歌：935 首

這樣的比例和分類並不反映本地少數民族歌謠分佈的實際情況。因為其中仲家歌謠最多的原因，作者解釋說是由於其較接近漢人，他們的歌謠容易採集的緣故。而歌種的區分，則僅體現出那個時代有關民歌分類的認識狀況。不過根據這樣的分類，作者也得出了相應的判斷。比如其指出：情歌的數量幾占總數的十分之八，「這是因為苗夷族男女社交公開，見面時多互相唱答，以抒雙方情感是最常見的事」。〔註52〕

　　陳國鈞對苗夷歌謠的考察，是在多年實地考察苗夷族群期間作為一項主要工作來進行的。他認為採錄歌謠對考察苗夷民族十分重要，因為苗夷族群沒有文字，歌謠在他們的生活裏地位突出，「就苗夷族全體說，歌謠簡直代替了他們的文獻歷史；就苗夷族個人說，歌謠給他們生活以赤露露的寫照」。其社會中的「人情道德」、「生活形態」、「風俗習慣」和「制度文化」等無不通過歌謠反映出來。通過實地考察，陳國鈞親身感受到他所接觸的苗夷族，「男女老少沒有哪一個不會唱歌的」。唱歌使他們緩解日常勞作的繁重、抒散深山裏的苦悶，並傳達青年男女間的情懷。因此欲瞭解苗夷族群的文化，必先考察他們的歌謠。

　　為陳國鈞著作寫序的謝六逸解釋說，陳國鈞當時是大夏大學的研究人員。該校因抗戰爆發由滬遷黔，隨即設立「社會研究部」，從事貴州苗夷族群的文物研究與生活狀況調查，陳著便是此項工作的成果之一。謝六逸指出，結合國內自北大以來的歌謠研究，陳著出版的意義在於使苗夷歌謠始有定本，從而把此項一度冷落的事業再度推進。〔註53〕到了1974年，當《貴州苗夷歌謠》在臺北重印時，作者認為由於同類著述「坊間至今所見不多」，其仍

〔註52〕陳國鈞：〈自序〉，《貴州苗夷歌謠》，貴陽文通書局，1942年，1974年，臺北重印版，頁1～4。

〔註53〕陳國鈞：〈自序〉，《貴州苗夷歌謠》，貴陽文通書局，1942年，1974年，臺北重印版，頁1。

將有助於苗夷社會文化的研究。〔註54〕

　　此期還應提到的另一種類型，是民族學、人類學歌謠研究中「土著」族群的自我呈現。其中以第一代「苗族知識分子」楊漢先的《苗族述略》、《威寧花苗歌樂雜談》和《大花苗歌謠種類》等為代表。楊漢先出身在貴州威寧山區的苗族家庭。其父楊雅各曾受傳教士柏格理（S. Pollard）的較大影響，協助參與過以拉丁字母為基礎的苗文創制。楊本人則先在故鄉的教會小學（石門坎光華學校）接受啓蒙，後再從貴州進入四川，就讀於成都華西大學歷史系，接受了已打上西學印記的現代教育。楊漢先的基本看法是：「要研究一個民族，除了語言、體質等外，還要研究他們的藝術與民俗。詩歌、故事，雖是藝術，但也是研究民族歷史很重要的部分。」根據他的研究，苗族歌謠可大約分為下面幾類：〔註55〕

　　A，歌種　　　　　　　　B，曲譜
　　一、情歌　　　　　　　　一、情歌譜
　　二、歷史及故事歌　　　　二、故事歌譜
　　三、歷史歌
　　　a）戰爭歌
　　　b）生活史歌

值得重視的是，他列舉的苗族歌謠例中，還使用了別於他人的表達方式——「老苗文」記音：

　　　　　　……CT^v CY$_2$ᴐ CT^v CY$_2$……

　　楊漢先解釋說此歌屬於「戰爭歌」一類。歌詞的意思頗難解釋，只有少數老年歌手能夠講出其中的「Y2ᴐ°」為長江，內容大致是在描繪戰爭的情形。作戰地點是「CT^v CY2ᴐ°」。「CT^{v}C」意為寬廣，「Y2ᴐ°」專用名詞。歌裏形容該地之廣泛與偉大，很具有古代大平原民族生活的風味，或許可以證明苗族曾經在長江流域住過。楊漢先本人雖沒有完全肯定這樣的看法，但認為其對苗族歷史的研究將能提供有用的參考則是勿容質疑的。

　　作為受過現代教育、對學界成果有所掌握的知識分子，楊漢先還參閱並比較了日本及西方學者的相關論述，如鳥居龍藏和柏格理的著作。但由於身

〔註54〕同上。
〔註55〕楊漢先：〈苗族述略〉，收入貴州民院歷史系民族史教研室收集編纂：《民國年間苗族論文集》，1983 年，頁 132～142。

爲苗族、出生本土，他的研究明顯體現出對苗歌極富「同情理解」的意味。
在《苗族述略》裏，他不無感慨地寫道：

> 苗族的歷史歌音樂，正如鳥居氏所謂：「充滿了淒涼與悲哀」。它
> 好比深秋裏浸透了的野白鶴一樣陰鬱，好比深冬的天空布滿了烏雲般
> 的淒涼，但是這種淒涼的音調裏卻帶著一些血的與情的成分在裏邊，
> 而這樣的音樂，是極自然的。它所有的悲哀，一方面是對自然的悲哀，
> 一方面是封建社會裏的被統治者的呼聲一般的悲哀。它的讚美，也是
> 對自然的讚美，好比一朵在沙漠裏生長出來的野花，欣賞晴空的陽光，
> 卻沒有誰個給予它的肥料一樣。

對於這樣的少數民族歌謠，楊漢先呼籲民俗學者們盡可能多加搜集，因
爲他擔心「此類材料在不久之將來必全部消失」。〔註56〕

與楊漢先同時代的另一位苗族學者梁聚五在晚些時候也發表過對苗夷文
化的看法，不過卻由此提出了對晚清以來官方民族政策的尖銳批評，認爲清
末年間，朝廷爲挽救其滅亡命運發佈的所謂「五族共和」，完全把西南邊疆的
苗夷族群排除在外是極端片面和錯誤的，故未能挽救其最終覆沒的命運；而
民國時期西南官員如楊森之流否認和敵視少數民族的特性，在苗疆大肆推行
同化措施，同樣留下了深深的傷痕和慘痛教訓，有待在相關的國家政策方面
改弦更張，重新調整。〔註57〕

對楊漢先與梁聚五等第一代「苗族知識分子」作過比較研究的後世學者
認爲，這批「土著」學者在近代中國學術舞臺上的出現，反映出一種新型的
「本土知識的建構」並由此催生了 20 世紀初期苗族社會的一次「文化復興
運動」。〔註58〕而從漢夷關係的歷史演變來看，其還代表著有關少數民族研

〔註56〕楊漢先：〈大花苗歌謠種類〉，吳澤霖等編：《貴州苗夷社會研究》，文通書局，
　　　　貴陽，1942 年。收入貴州民院歷史系民族史教研室編：《民國年間苗族論文
　　　　集》，1983 年，頁 132～142。

〔註57〕梁聚五：〈「五族共和」之失敗及苗族在民國時代的遭遇及其新的發展〉，《苗
　　　　夷民族發展史·草稿》。梁聚五是貴州雷山縣西江大寨人，就讀於湖南大學，
　　　　民國時期擔任過國民革命軍營政治指導員和少校參謀。《苗夷民族發展史（草
　　　　稿）》一書寫於 1940 年代晚期。此處引自貴州省民族研究所 1982 年重印本，
　　　　頁 130～135。

〔註58〕張慧眞：〈本土知識的建構：近代貴州石門坎花苗族群教育發展的個案研究〉，
　　　　《Education Journal·教育學報》，Vol. 26, No. 2, Winter 1998& Vol. 27, No. 1,
　　　　Summer 1999, The Chinese University of Hong Kong.

究從「他者呈現」向「自我呈現」的時代性變革。著者認爲楊漢先等人「以漢文撰寫的苗族民族史和民族志著作」，應視爲他們在民國時期特殊政治環境中的政治實踐，即「追求在現代國家體制中的族群政治身份與族群政治參與」。〔註59〕

───────────

〔註59〕張兆和：〈從「他者呈現」到「自我呈現」──民國年間苗族知識分子對族群身份的探索和實踐·前言〉，貴州省苗學研究會編：《苗學研究》，貴州民族出版社，1997年，頁53～54。

第七章　官方干預與國家行爲

美籍學者王國斌（R. Bin Wong）分析明清至近代歷史發展之異同時，拿中國和歐洲「國家形成」與「社會衝突」等方面的情況作比較，認爲在前者的社會控制中，有三種手段起了重要作用，即意識形態控制、物質利益控制和強制性控制；與此同時，儘管官員與精英保持著合作關係，但國家仍堅持「把道德說教作爲統治的基本方法之一，目的在於教育精英與平民」。爲此，中國國家努力建立一套相關的策略，以限定「知識分子的教育」以及「普通民眾的信仰」。王國斌評論說，這樣的現象「在歐洲是看不到的」。「中國也有人能夠擺脫國家認可的正統思想，但他們的信仰很少被人們認眞看待，從而也很少成爲官方信仰的威脅。」〔註1〕

從中國社會官、士、民相互離合的傳統結構來看，此說與實情是大體接近的。但還需說明的是，其還得加上動態的眼光才算完整，因爲「官」的主體會隨王朝的更替而改變，「士」的立場也常因天道、時務和利益的失衡而擺動不已；而一旦社會衝突尖銳到不可彌合之時，任隨官、學兩邊是否接受，「民」的反叛仍會成爲動搖正統的威脅力量。一方面，傳統代表正統，正統就是秩序；另一方面，權力可以修正秩序，也可以重建正統。

這樣的事例說來也不難找到。在民國時期的歌謠與民俗事象中，通過考察分析官方、學界與民間的關聯互動，就同樣能夠探尋出來。

〔註1〕　王國斌：〈維持社會秩序的工具：一種中國國家形成觀〉，《轉變的中國——歷史變遷與歐洲經驗的局限》（*China Transformed: Historical Change and The Limits Of European Experience*，1997年，中譯本，江蘇人民出版社，1998年，頁103～109。

官學兩界,若離若即

民國時期的中國知識界爲何要研究歌謠並關注民俗呢?用顧頡剛概括的口號說,是爲了「推倒舊文化,創造新文化」。〔註 2〕這樣的目的很難區分是學術的還是政治的,或者說二者都是。

然而從身份定位和文人傳統的角度來看,具有「道統至上」情結的知識界人士還是傾向於堅守官、學之別,企望學術獨立的。這樣,「以歌爲學」也好,「引民入史」也罷,目的皆在求知,求眞,或言之在於守「道」,本質上與官無涉。但由於在「三級社會」傳統裏的中間性,士不得不關聯到官和民。其言行舉止也就難以同兩邊截然分清。從世俗的心態看,此爲「依附」;以超越的說法論,則叫「救民」。再結合王權掌控的科舉制度來看,士的出路無非有二,要麼坐而論道,獨善其身;要麼參政治民,兼濟天下──在經世治國的實踐中「成己」、「成仁」。

在討論日占時期對臺灣原住民進行的人類學調查研究時,有論者著重分析了官與學兩個「並行傳統」的形成與糾葛,認爲屬於學術脈絡的傳統,一方面要受官方傳統的影響和制約,一方面又不願始終與政府決策保持立場的一致,致使學者「內心的糾葛已然顯現」,從而形成官方政策與學界成果的互動、背反現象。〔註 3〕

關於日人進行華夷研究的問題留待論述「東洋影響」的章節裏說。這裡可作的比較是,近代中國「民族文化調查」中官、學二分的並行傳統在大陸其實也存在著相同的體現。那什麼是民國時期歌謠和民俗研究中的官方傳統?其對學界傳統的興起演變又有何影響呢?

1936 年,恢復活動後的北大歌謠研究會成立了新的研究組織「風謠學會」。後者不久便分別在南京的《中央日報》和北京的《民生報》及《晨報》上創辦研討民俗問題的副刊。一年後,《中央日報》副刊《民風周刊》刊載學會會員的報導說,據聞「國民政府內教兩部著手合辦全國風俗調查,除已函聘專家中研院凌純聲、中山文教館衛惠林及金大徐益棠起草調查問題表格

〔註 2〕 顧頡剛:〈聖賢文化與民眾文化〉,鍾敬文記錄整理,廣州中山大學歷史語言研究所《民俗》,第 5 期,1929 年 4 月 17 號。

〔註 3〕 黃智慧:〈日本對臺灣原住民族宗教的研究取向:殖民地時期官學並行傳統的形成與糾葛〉,徐正光、黃應貴主編:《人類學在臺灣的發展──回顧與展望》,臺北,中央研究院民族學研究所,1999 年,頁 143～196。

外，部方已擬訂三年計劃，第一年籌備，二年調查，三年整理。」〔註4〕報導者表示對此消息「極感欣慰」，甚願當局能夠努力完成。〔註5〕接著，《晨報》副刊《謠俗週刊》發表了官方機構的答覆信件，對該項調查的計劃方案作了詳細說明，指出「民俗調查爲社會行政之重要依據，亟宜舉辦」。〔註6〕根據後來公佈的材料，調查籌劃者的考慮是，當時的國家亟須鞏固社會政治，建設「心理國防」：

> 故對民眾教育、禮俗改良、新生活運動、經濟建設運動等，均特加注意，此種社會政策之施行，其成效如何，胥視所定法令是否適合疏忽實際情形以爲斷。惟欲求法令適合社會實情，自有待於全國各地實際材料之搜集，以資參證。……今日民眾教育之推行及禮俗制服等方案之擬訂亦需此種實際材料，更有進者，民族復興以民族團結爲前提，任何破除民族間之隔閡，以溝通民族文化，自亦當以民族研究爲基礎工作，而民俗調查爲不可緩也。〔註7〕

儘管此項工作事關國家行政，但「調查籌劃者」卻並非全是官員。其中即有中央研究院的淩純聲等人。在內政部禮俗司的聘請下，淩出任全國風俗調查委員會委員，參與了調查問題表的設計。該調查的設計以民俗內容爲主，兼及社會調查、風俗變遷和初民文化，特點在於突破以往學界個人考察的局限，體現出國家參與後的全國規模及系統全面。後來由於抗戰爆發，此項計劃沒能實施。〔註8〕但其代表的官方干預及國家行爲可說是貫穿於民國的整個發展脈絡之中。

從「官方傳統」的脈絡來看，民國以來對包括歌謠在內的社會、民俗乃至各族文化的調查研究時有開展，在四十年代（抗戰時期）達到高潮，涉及的部門上自國民黨中央、國民政府行政院，下至內政部、教育部、蒙藏委員會等各分屬部委以及地方省市機構；調查的方式從直接調查到委派調查，從「考察團」、「施教團」到「訪問團」和「旅行團」……種類繁多，不一而足。

〔註4〕《民風週刊》，1937 年 5 月 27 日。

〔註5〕根據王文寶推測，該文末尾的署名「紀」當爲風謠學會的方紀生。參見王文寶：《中國民俗學史》，巴蜀書社，1995 年，頁 184～219。

〔註6〕《謠俗週刊》，1937 年 6 月 13 日。

〔註7〕國民政府內政部：〈舉辦全國民俗簡易調查方法〉，《內政部檔案》5～11295。

〔註8〕王建民：《中國民族學史・上》，雲南教育出版社，1997 年，頁 212～213。此段及以下的史料多參引王著，特此說明，並致謝意。

而由於日軍的入侵，國民政府向後方搬遷，致使國家的政治文化中心由東向西轉移，從而引起有關民間習俗的考察調研發生了朝「邊疆」和「非漢民族」施政方面拓展的歷史性演變。在這樣的過程中，民族主義日益成爲支配話語：「國難」當頭，「國政」至上，「國族」的凝聚超過了「民主」的需求。於是知識界遂在同仇敵愾的心態下屢屢響應政府號召，呈現出與官方傳統若即若離的多重面貌。

以下對此期前後有關民俗調查的「官方干預」與「國家行爲」簡略分述之：

A，國家級

例一、行政院：「行政院農村復興委員會」組織雲南全省的概況調查，採用抽樣方式，在昆明、祿豐等五縣內，各選六個村子作爲代表。後出版《雲南農村調查》一書。因其調查方法和村戶分類的標準存在問題，其成果被民族學家批評說「殊難使人滿意」。〔註 9〕

例二、國民黨中央：1940 年代，國民黨中央在「邊疆施政綱要」中提出：「設置邊政研究機構，敦請專家，搜集資料，研究計劃邊疆建設問題，以貢獻政府參考，並以提倡邊疆建設之興趣。」〔註 10〕國民黨政府以黨治國，其「中央」舉措即相當於國家行爲。這一點僅從綱要的全稱便可窺見一斑：《關於加強國內各民族及宗教間之融洽團結，以達成抗戰勝利建國成功目的之施政綱要》。《綱要》提出不久，即成立了隸屬於蒙藏委員會的「中國邊政學會」，吸收人類學家吳文藻等人參與其事。

又：1941 年，**國民黨中央組織部**提交了內容相似的「邊政實施案」，要求中央「設置邊疆語文系與西北、西南邊疆文化研究所，培植籌邊人才。」此案獲准後，中央研究院「據此有了在西康雅安籌建邊疆文化研究所的計劃，並擬請李方桂任主任。」〔註 11〕

〔註 9〕 楊堃：《雲南農村》，1949 年，收入楊堃《社會學民俗學》，四川人民出版社，1997 年，頁 270。

〔註 10〕 國民黨五屆八中全會主席團：〈關於加強國內各民族及宗教間之融洽團結，以達成抗戰勝利建國成功目的之施政綱要〉，《邊政公論》，1941 年第一卷，三、四期合刊。

〔註 11〕 國民黨中央組織部：〈請設置邊疆語文系與西北、西南邊疆文化研究所，培植籌邊人才而利邊政實施案〉，《中央研究院檔案》，頁 393～310。

B，部委級

例一、內政部禮俗司：1937 年籌劃「全國風俗調查」，聘請中央研究院凌純聲等人擔任專家，參與籌劃組織，未果。

例二、教育部：1939 年組織西南邊疆教育考察團，赴滇緬邊境一帶考察瑤族等邊疆民族情況，後整理出數十萬言的報告。〔註 12〕

又：賑災委員會 1938 年組織滇西考察團，目的在於調查滇西民族、地理及物產概況，準備在次建立一個移民區。該團「約請」的民族學家有李景漢、江應樑等。調查的成果有《水擺夷風土記》。〔註 13〕

例三、蒙藏委員會：該委員會設專門的調查室，自 1930 年代起，多次組織對少數民族聚居地區的調查，出版報告有《烏蘭查布盟各族調查報告書》（1933）、《馬鬃山調查報告》（1938）和《祁連山北麓調查報告》等等，對國家的施政起過重要作用。

又：1943 年，中央設計局組織西北建設考察團，考察以新疆為主的民族問題。時任西北監察使的羅家倫領隊，吳文藻參加。結果「由於蔣介石《中國之命運》的出版，要求以中國只有國族而沒有民族，即中國不存在各少數民族的基調寫作調查報告，吳先生對這種觀點持有異議，調查報告未能完成。」〔註 14〕

其他：1937 年，「管理中英庚款董事會」組織西北考察團，「西北移墾促進會」推舉，民俗學家顧頡剛出任團長，圍繞「開發民智、鑄造國魂、堅持抗戰」開展工作，通過考察，顧頡剛指出「西北之地，國防、經濟兩端，俱有其重要性，而欲為此兩端之建設，則教育工作實居首位」。在此期間，顧頡剛兼顧考察了西北歌謠、民俗，在漢藏雜處的背景下，深感民謠「做女人，做漢人；做男子，做番子」之微妙，並發現「久居藏區之漢人名字有藏化傾向」的習俗變異情況。〔註 15〕

C，省市級

例一、四川：1940 年四川省政府組織「邊區施教團」，深入雷波、馬邊等地考察民情。徐益棠任副團長，負責考察小涼山彝族的民族學內容。成果《雷

〔註 12〕國民政府教育部蒙教育司：《邊疆教育概況》，教育部蒙教育司印，1943 年。
〔註 13〕王建民：《中國民族學史‧上》，雲南教育出版社，1997 年，頁 237。
〔註 14〕同上，頁 226。
〔註 15〕汪受寬：〈以救國自任的顧頡剛甘肅之行〉，《西北史地》，1994 年，頁 71～76。

馬屛峨紀略》由四川省教育廳出版。〔註16〕

例二、雲南：雲南省民政廳「邊疆行政設計委員會」負責邊疆行政工作，民族學家江應樑主持，編著《邊疆行政人員手冊》，主張邊疆工作應從政治、經濟、文化一起著手，以求達到「邊疆內地化」。〔註17〕又：民族學家方國瑜參加中、英有關滇緬邊界未定地段的會勘，考察了滇西民族概況，後出版《滇西邊區考察記》等著作。〔註18〕

例三、貴州：受內政部委託，民族學家吳澤霖、陳國鈞等率隊深入黔省民族地區考察。因調查大綱由內政部擬訂，內容便以民政和禮俗爲主。後出版了調查報告《爐山黑苗的生活》。其中描述了當地苗民的歌謠事項。〔註19〕

以上只是簡略列舉。其他具有官方或半官方性質的參與部門還有「西康建省委員會」、「邊政學會」乃至軍方的「參謀本部」〔註20〕等等。僅從這些略舉之例已足以見出在同樣的社會調查事業中，國家的力量有多麼強大了。

面對如此龐大的「官方傳統」，學界人士如何回應呢？先看下表（以拼音爲序）：

陳國鈞：民族學家，大夏大學講師，曾經出任中央民眾教育館民俗館主任、教育部邊疆教育督導專員、浙江浦江縣縣長等職。

蔡元培：中國近代「諸學科之父」，留學德國，「受人類學影響最大」，〔註21〕民國元年任教育總長，十六年任大學院院長，並任過國民黨中監察委員，參與提出「外交政策備忘錄」（國民黨五中全會通過），還曾被選爲監察院長（蔡本人拒絕）。〔註22〕

〔註16〕四川省邊區施教團：《雷馬屛峨紀略》，四川省政府教育廳印，1941年。

〔註17〕王建民：《中國民族學史·上》，雲南教育出版社，1997年，頁270。

〔註18〕方國瑜：《滇西邊區考察記》，雲南大學西南文化研究室編印，1943年，頁1～2。

〔註19〕吳澤霖、陳國鈞編：《爐山黑苗的生活·序》，貴陽大夏大學社會研究部出版，貴陽文通書局印，1930年。

〔註20〕在王建民的梳理、統計中，30～40年代國內有關人類學和民族學的實地調查裏，僅出現一次軍方的記載，即1941年重慶出版的《邊疆問題論文集》，該書爲30年代受參謀本部派遣調查之人撰寫。參見王建民：《中國民族學史·上》，雲南教育出版社，1997年，頁227、231。

〔註21〕段寶林：〈蔡元培與人類學〉，中國民俗學會等編：《中國民俗學年刊》，1999年，上海文藝出版社，1999年，頁48～61。

〔註22〕韋慕庭（Wilbur, C. Martin）：《國民革命：從廣州到南京（1923～1928）》，費正清主編：《劍橋中華民國史》，1983年，中譯本，章建剛等譯，上海人民出版社，1991年，頁571～772。

顧頡剛：歷史學家、民俗學家，歌謠學運動的主要參與者，抗戰期間受聘為補助西北教育設計委員、西北考察團團長。〔註23〕

胡 適：著名學者，北京大學《歌謠周刊》〈復刊詞〉執筆人，民國十六年應蔡元培之聘，任國民政府「大學委員會委員」（先拒絕，後接受，再辭職）。

江應樑：民族學家，曾主持雲南省民政廳邊疆行政設計委員會工作，並還兼任過車裏縣縣長一職。

梁昭韜：人類學家，曾任廣東省幹訓團邊疆班教官。

凌純聲：人類學家，中央研究院研究員，曾經出任內政部「全國風俗調查委員會」委員、教育部邊疆教育司司長等職。〔註24〕

孫本書：社會學家，中央大學社會學系教授，哥倫比亞大學及紐約大學畢業，師從吉丁斯等西方著名學者，後擔任國民政府教育部長（1930～1932）。〔註25〕

吳文藻：人類學家，曾出任重慶國民政府國防最高委員會參事室參事、蒙藏委員會顧問，〔註26〕參與主持國防部邊疆民族社區研究，〔註27〕並出任中國駐日本代表團公使銜政治外交組組長等職。〔註28〕

楊成志：民俗學家，曾擔任廣東省邊政指導委員會研究主任委員。

……

此處也是略舉。類似例子還有不少。針對這種官學相交、學者參政的現象，後來的論者評述說，其「根子」源自蔡元培等先驅者的初始主張。根據蔡元培的看法，民族學、人類學在中國的任務，「不是要在學術領域內增添一門新的學科，而是要運用它來指定更完善的社會政策」。正是出於這樣的考慮，才促使許多學界人物「在中央和地方機關任職」。抗戰爆發後，國民政府

〔註23〕汪受寬：〈以救國自任的顧頡剛甘肅之行〉，《西北史地》，1994年1月，頁71～76。

〔註24〕〔美〕顧定國：《中國人類學逸史——從馬林諾斯基到莫斯科到毛澤東》，中文版，胡鴻保、周燕譯，社會科學文獻出版社，2000年，頁80。

〔註25〕同上，頁62。

〔註26〕王建民：《中國民族學史·上》，雲南教育出版社，1997年，頁269。

〔註27〕〔美〕顧定國：《中國人類學逸史——從馬林諾斯基到莫斯科到毛澤東》，中文版，胡鴻保、周燕譯，社會科學文獻出版社，2000年，頁29。

〔註28〕王建民：《中國民族學史·上》，雲南教育出版社，1997年，頁401。

遷到西部，官方力圖把自己的行政範圍擴展至這些邊疆地區，需要掌握大量相關的民族學和社會學知識。不少學界人士「響應了政府的號召」。其中部分學者如吳文藻等的目的在於試圖「利用政府對西南和西北局勢的關心來支持民族學研究。」在〈邊政學發凡〉裏，吳文藻闡述說：「在政府支持下開展邊政研究，可使邊疆政策有所依據，邊疆政治得以改進，而執行邊政的人對於治理不同民族不同文化的邊民，亦可有所借鏡。」〔註29〕另有後世論者把此種傾向的產生原因歸為西方來華同行布朗等人的倡導和「應用人類學」在中國社會的發展。〔註30〕但另有論者的看法是：

> 實際上，早在『應用人類學』一詞在西方流行之前，中國的研究者就開始進行這類研究了。他們的方法和大多數美國人40年代採用的方法是一樣的──借助戰爭這一條件。因此，早在中華人民共和國成立的前幾年，中國學術界人士對由政府督導和支持的研究和田野工作就已不覺陌生。〔註31〕

官學兩界在民俗調查研究上的相關合離，還可通過大夏大學在貴州的具體案例深入分析。抗戰期間，大夏大學由滬遷黔，為了發展學術研究同時響應政府的相關號召，學校新組建的社會學部先後接受國家內政部和貴州省教育廳、民政廳的委託，參與進行了對黔省苗夷地區的多次調查。調查完成後，分別將成果以《報告》的形式「呈報」、「繳送」和「貢獻」給各委託之官方。據學校方面的解釋，他們的任務「特別著重黔省境內苗夷生活之實地調查工作」，目的在於通過「從事進行有系統之調查與研究，以冀促成貴州社會建設之事業」。與此同時，仍不願淪為單純的政策工具，還是想盡可能保持學術的自立，故「於學理上之研究，亦未敢忽略」。〔註32〕

比較而論，雖然都關注民俗調查，但學界的初衷在求知，官方的目標是國政；學者的成就是論文，官方的成果為「報告」。儘管同一期間也有不少以教學研究為標誌的專業論著出現，如燕京大學學生陳永齡據川康調查材料寫成的碩

〔註29〕吳文藻：〈邊政學發凡〉，《邊政公論》，1944年第一卷，5～6期。

〔註30〕石奕龍：〈中國應用人類學發展史略〉，《應用人類學》，廈門大學出版社，1996年，頁51～59。

〔註31〕〔美〕顧定國：《中國人類學逸史──從馬林諾斯基到莫斯科到毛澤東》，中文版，胡鴻保、周燕譯，社會科學文獻出版社，2000年，頁62～80。

〔註32〕陳國鈞：〈大夏大學社會研究工作部工作述要〉，吳澤霖等編：《貴州苗夷社會研究》，貴陽，文通書局，1942年。

士論文《理縣嘉戎土司制度下的社會》等，〔註33〕但僅從那時幾乎所有成果都偏向以《報告》為名，即可看出政府決策的主導影響。向誰報告？向官報告；如何報告？自下而上。一報一告，誰主誰從，了然無疑。於是，當年以學生身份到廣西瑤山調查的費孝通夫婦，在開始工作之前也得先到政府部門「報到」，把他們的研究計劃書提交官方審議批准後，才能成行。〔註34〕

這樣的主從關係甚至對中央研究院也不例外。該院創建宗旨曾自我定位為全國最高學術研究機關。雖有「學術」和「研究」列在其中，但「全國」的義含便是「國家」。這樣，在1947年蔣介石電令該院，「要求以科學方法對民族素質作多方面研究」時，院長朱家驊即不得不隨之組織各所學者參與執行，〔註35〕儘管中央研究院以往一向申明的原則是「純為求知作研究」故「不涉應用」，因為「國家之研究院從事其工作，恐捨此無正準也」。〔註36〕

末了，官方提出的實用要求，還會引起理論研究的學理修正。容肇祖在以〈風俗改革與民俗研究〉為題的專論中就寫道：風俗改革與民俗研究，均以實地調查為前提，「雖然性質不同，而實際上可以互相幫助」。互助的目標是「群策群力，共謀建設純粹無疵的善良的風俗」。該文以口號結束：「先總理曾說過，行易知難，願大家本著這個原則努力幹去吧！」〔註37〕

不過總體說來，民國時期學界與官方的關係，可謂若即若離，矛盾不斷。以胡適為例，其之所以在「大學委員會委員」的任職上表現為忽進忽出，表面原因是對政府實施的「黨化教育」不滿，實質上則體現出精英知識分子與當國之政黨或中央政府的關係，即在「諍臣」與「諍友」之間徘徊。〔註38〕

〔註33〕 陳永齡：《理縣嘉戎土司制度下的社會》，燕京大學碩士論文，北平，燕京大學印，1947年。
〔註34〕 費孝通：〈桂行通訊〉，《費孝通民族研究文集》，民族出版社，1988年，頁1～4。
〔註35〕 蔣介石：〈致朱騮先電〉，《中央研究院檔案》，頁393～2124。
〔註36〕 中央研究院歷史語言研究所：《歷史語言研究所二十九年度至三十年度報告》，《中央研究院檔案》393～1373。
〔註37〕 容肇祖：〈風俗改革與民俗研究〉，原載風俗改革委員會編《風俗改革叢書》，1930年，收入《二十世紀中國民俗學經典・民俗理論卷》，苑利主編，社會科學文獻出版社，2002年，頁45～46。
〔註38〕 羅志田：〈個人國家：北伐前後胡適政治態度之轉變〉，《亂世潛流：民族主義與民國政治》，上海古籍出版社，1999年，頁226～274。

國家施政，辨風正俗

抗戰期間，西南聯大師生組織「滇黔步行團」，由長沙至昆明，沿途考察湘、黔、滇省的風土民情。歷時兩月餘，步行三千里，途經二十七縣。在聞一多教授的指導下，「民間歌謠組」成員劉兆吉採集了歌謠二千多首，合集爲《西南采風錄》出版。作者自視爲「國難期間，三校流亡南遷」的一種文獻。〔註39〕聯繫到民歌與政府的牽連，爲其作序的朱自清提到了史書記載的官方采風制度，但認爲所謂天子派使者各處採訪，實行「觀風俗，知厚薄」的要政，並非事實，而是文人根據傳說加工出來的理想。〔註40〕此前，曾在北大國學門參與歌謠研究會活動的朱希祖爲羅香林的《粵東之風》寫序，確信采風制度的存在，認爲中國「風詩採集，發達最古」，采風者把各地的歌詩採來，「作爲觀察風俗的材料」，故「他的目的在乎實用，文藝的鑒賞，卻是其次。」〔註41〕

余英時對中國周代是否便有采詩的事持謹慎態度，但以雅俗之間（「大傳統與小傳統」）分合互動的觀點參與討論，認爲至少漢代以後，官方設立樂府，「有系統地在各地搜集民間歌謠」，已是盡人皆知的歷史事實。其本質特點，即如《風俗通義‧序》所說，乃「爲政之要，辨風正俗，最其上也」。若再從以儒家爲代表的古代知識分子——「士」的作用來看，觀采風謠是儒家「禮樂教化」的準備，目的在於推動文化的統一，即以禮樂的大傳統來「化民成俗」。〔註42〕

「辨風正俗，爲政之要」的傳統一直延續到清代，並在民間風俗與官方施政發生衝突時，進一步表現爲政府對民眾「異端」、「不軌」的嚴查禁燬。如江南一帶民間自明代以來便有「五顯」信仰的現象存在：

> 億民求男生男求女生女，買賣一本萬利，讀書者金榜標名，感靈應驗，求收祭享。〔註43〕

〔註39〕劉兆吉：《西南采風錄》，1942 年 12 月初版，商務印書館，2000 年 8 月影印，頁 1～8。

〔註40〕劉兆吉：《西南采風錄‧朱序》，1942 年 12 月初版，商務印書館，2000 年 8 月影印，頁 1～3。

〔註41〕羅香林《粵東之風‧序一》，上海北新書局，1928 年，上海書店《民國叢書》影印本，第四編，60，1983，頁 1～6。

〔註42〕余英時：〈中國文化的大傳統與小傳統〉，《士與中國文化》，上海人民出版社，1987 年，頁 129～139。

〔註43〕參見《明清善本小說叢刊》第四輯‧靈怪小說《華光王南遊志傳》，原名《五顯靈官華光天王傳》，臺北天一出版社印行，1985 年。

可到了清軍入主後，當局便對民間的「五顯」、「五通」信仰大加抨擊，斥之爲荒誕不經，把供奉有其神位的寺廟一概貶爲當禁當毀的異端，稱「蘇松祠有五通、五顯……皆荒誕不經，而民間家祀戶祝，飲食必祭妖邪，巫覡創爲怪誕之說。愚夫愚婦爲其所惑，牢不可破。」〔註44〕對此，美國學者 Richard Von Glahn 在其涉及五顯信仰的論文中以專節分析，認爲其反映了當時的清王朝在實現了由「征服者」向「統治者」轉變後，著手剪除民間信仰中所有「越軌」行徑的需要。〔註45〕

辛亥革命成功，民國取代帝國。政權的主人隨之一換。革命黨變成執政人，宣告「凡政治、法律、風俗、民智種種之事業，均需改良」〔註46〕之後，便大權行使，通令四方：務將民間一系列「舊染污俗」革出。〔註47〕表面來看，這樣的舉措與民國革命的初衷似有背離，即彷彿已從「民治」轉向了「治民」。但仔細分析，其中的發展路徑其實是內在相關，一脈相承的。

民國初年，孫中山在南京就任中華民國臨時大總統，「披肝瀝膽」，通告全國說：「國家之本，在於人民。合漢、滿、蒙、回、藏諸地爲一國，即合漢、滿、蒙、回、藏住諸族爲一人。」此話即包含了將「民治」與「治民」合在一起的意思。雖主張以民爲本，主權在民，卻同時強調要合眾爲一。怎樣的「一」，誰來「合」之？答案是以「國」爲一，「治者」合之。也就是通過大權在手的國家，實行政治集中，文化統一。爲何非如此不可呢？孫中山「以人民的名義」作了解釋，曰：國民以爲不能「於內無統一之機關，於外無對待之主體」，故「建設之事更不容緩」，於是需「組織政府」以成之。〔註48〕

政府由誰組織呢？革命黨人。此答案出自在對「民」態度上精英階層的

〔註44〕 蔣竹山：《從打擊異端到塑造正統：清代國家與江南祠神信仰》，臺北，國立清華大學碩士論文，1995 年。此處參考資料由王秋桂先生提供，在此深表謝意。

〔註45〕 Richard Von Glahn, The Enchantment of Wealth: The God Wutong in the Social History of Jiangnan, *Harvard Journal of Asiatic Studies* 51.2 1991, pp651～714. 相關論述可參見徐新建：〈穿青慶壇——以那民間習俗考察〉，臺灣《民俗曲藝》，2000 年，總第 124 期。

〔註46〕 此語系孫中山在南京參議院解職辭中所說，參見〈社會改良章程〉；《宋教仁集‧下冊》，中華書局，1981 年，頁 378～379。

〔註47〕 參見董國禮：〈民國初年風俗演變的社會學闡釋〉，《民俗研究》，山東大學，2000 年第 2 期，頁 49～58。

〔註48〕 《孫中山選集》，頁 90～92，轉自翦伯贊、鄭天挺主編：《中國通史參考資料‧近代部分》，修訂本下冊，中華書局，1985 年，頁 399～340。

兩個矛盾：一方面，民爲邦本，故主權在民；另一方面，民如散沙，需要領導（代理），民智未開，需施教化（統治）。若追究此種矛盾的根由，有必要瞭解孫中山有關社會平等的三種對照，即不平等、假平等和眞平等。第一種「不平等」已在前面章節作過引述（參見本書第三章）。第二和第三類型如下：

第二類，假平等，即表面平等，實質不平等：

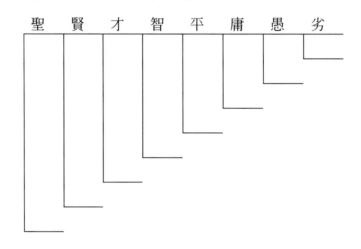

第三類，眞平等，即大家起點一樣，按才發揮稟賦：

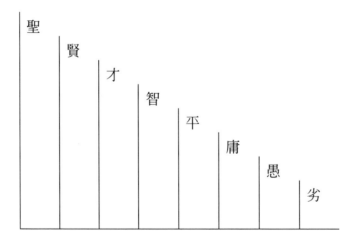

可見，社會之人是以聖、賢、才、智、平、庸、愚、劣等而劃分的。革命的目的是要實現「眞正的平等」，也就是要在承認差異的基礎上，完成國家對民眾的保護和治理。爲此，甚至不惜捨去包括革命黨在內的個人自由，以確保國家社會的總體目標。用孫中山的話來講，就是「一律要平等，世界便

沒有進步，人類便要退化」；〔註49〕故要想革命成功，「就得結成一個大團體，犧牲個人平等、自由」。具體而論，依照已制訂好的「革命方略」，就是要實行從「軍政」、「訓政」到「憲政」的施政步驟，完成民治與治民相統一的目標。〔註50〕在個人一面看來，好像會有損失，其實此舉好比商人經營——今日投資，來日回報；而「革命黨人是有知識階級，都是聰明的商人」，「應當懂得這個道理」，「我們」所投的本錢只是把個人的自由、平等暫交黨、國「全權處理」，今後的回報，就是革命的成功。〔註51〕

　　革命黨人尚須如此，國民大眾更不例外。「國父」立場尚且如此，歷屆政府何能例外？於是僅就國家施政、「辨風正俗」而言，民國時期從南京和北京的「臨時政府」到後來的南京「國民政府」，都先後以「禮教司」、「禮俗司」和「禮制館」等名，設置了隸屬於「衛生局」、「內政部」或「民政部」、負責掌管全國「移風易俗」大權的專門機構。官方通過的《內政部組織法》規定，禮俗司與民政司和警政司等並置，「掌釐定禮制，審核樂典、改良風俗，以及宗教團體之管理」等事務。〔註52〕它們的指導思想和主要職能即在以「禮」變「俗」，也就是通過種種「官方規範」的制定，整合所有游離於國家權威之外的「民間行爲」。用後人評價的話說，即試圖「把移風易俗作爲鑄造『國魂』的一種手段」〔註53〕，「通過改革將民眾引向現代文明，以鞏固其統治」。〔註54〕結果是引發了一場掃除「惡習陋俗」的全國運動，波瀾「蔓延於二十二行省之通邑大都」並波及部分村鎮，致使封建迷信觀念廣泛滲透的社會風俗領域，終於出現變動，社會面貌顯著改觀。〔註55〕

〔註49〕《民權與國族：孫中山文選》，曹錦清編選，上海遠東出版社，1994 年，頁 96～101。

〔註50〕孫中山：〈國民政府建國大綱〉，1924 年 4 月 12 日。收入《民權與國族：孫中山文選》，曹錦清編選，上海遠東出版社，1994 年，頁 248～250。

〔註51〕孫中山：〈革命成功個人不能有自由，團要有自由——民國十三年十一月三日對黃埔軍官學校告別詞〉，《民權與國族：孫中山文選》，曹錦清編選，上海遠東出版社，1994 年，頁 96～101。

〔註52〕孟昭華等：《中國民政史》，黑龍江人民出版社，1986 年，頁 47～48。

〔註53〕董國禮：〈民國初年風俗演變的社會學闡釋〉，《民俗研究》，山東大學，2000 年第 2 期，頁 49～58。

〔註54〕伍野春等：〈民國時期的移風易俗〉，《民俗研究》，山東大學，2000 年第 2 期，頁 59～70。

〔註55〕章開沅等主編：《比較中的審視：中國早期現代化研究》，浙江人民出版社，1993 年，頁 356～357。

　　後來蔣介石發起「新生活運動」，一手抓「社會建設」，一面倡「國族主義」，強調復興國家不在武力之強大，而在國民知識道德之高超，故要求以禮義廉恥爲準則，實現全社會的生活「三化」，即軍事化、生產化、藝術化。〔註56〕在西南邊省主政的楊森秉承此意，以「中華一統，國族一家」爲口號，在貴州組織邊胞風習調查，一面申明以關注制度習俗爲主，「蓋能詳悉其獨具特點，始可徐談改進之方法」，一面主張「注重力求其同，而不求其異，以促進國族大同運動」；進而甚至對外國借「人類學」、「人種學」爲名的研究嚴加批判，將其斥責爲「惟恐天下不亂的野心家」行爲，即企圖通過倡導多元論，「挑撥離間，以達其侵略之作用」。對此，我「國民政府主席蔣公，高瞻遠矚」，已有明鑒，指出「中華國族，同爲一源」，「四百兆人，無二類型」，所謂差異，僅在冠服裝飾、婚喪禮俗而已。

　　在這樣的認識基礎上，貴州的地方政府著手推行了一系列旨在「矯異爲同，袪私爲公」的官方舉措。

　　　　除尊蔣主席手令內政部訂頒之倡導民間善良習俗實施辦法，並頒行勸導黔民改良服裝住宅圖說外，曾通飭各縣查報土著民族之生活風習，附以照片；籍覘對照改裝前後之得失，及推行移風易俗之進度，以收觀摩之效，以作改進之資。〔註57〕

　　值得注意的是，在與推行移風易俗相關的《貴州邊胞風習寫眞》一書裏，列有民歌章節，對土著歌謠作了十分專業的描述，稱邊胞爲「好歌民族」，他們的歌分「齊唱」、「對唱」、「獨唱」，悅耳動聽，以「平民化」、「兩性化」和「團體化」爲特徵，內容接近眞善美。具體而言：

　　　　「苗歌」有次急列促音，亦有哀音，然其斷續起伏之間能動人情緒，意趣橫生；「仲歌」起伏緩和，聲調優美，氣魄雄壯；「瑤歌」長而柔，如慰遠客，如訴幽情，音節淒涼；「侗歌」三音一起，五音一跌，高低起伏，頗近似近代之交響樂。

　　儘管這樣，作者聲稱作此瞭解的最終目的仍在以圖改進，務使邊胞習俗「一律劃一」，即在「大同進化理論」指導下，依照內政部頒佈的《查禁民間不良習俗辦法》及《民間善良習俗實施辦法》等各項政策法規，「融合邊、漢

〔註56〕蔣介石：〈新生活運動之要義〉、〈新生活運動綱要〉，載《革命文獻》第29輯，臺灣國民黨中央黨史委員會編印。

〔註57〕楊森編著：《貴州邊胞風習寫眞》，貴州省政府邊胞文化研究會印行，1947年；《促進邊胞文化運動之意義》，貴陽，西南印刷所，1946年。

同胞，統一意志」，使「我黔民從此改進」；如此，「則國家幸甚，民族幸甚」。
〔註58〕

　　史華慈對民國時期官方「反迷信」政策的評價是，其「在總的方面對大眾文化充滿敵意」。他轉引顧頡剛的話為例，說（如果）「先人的藝術遺產隨著反迷信一起被丟棄了，與其如此，就根本沒有必要反迷信」。〔註59〕

　　不過在官方的強大力量面前，學者的聲音顯得不堪一擊：

　　　　1926 年，周作人提到由於社會壓力難以抗拒，對「猥褻歌謠」的搜集研究有許多顧慮，因為一旦公開，作品就會被查封，編者也將遭迫害。〔註60〕

　　　　1928 年，鍾敬文因經手付印被認為宣揚「猥褻」的民歌，遭到校方解聘。〔註61〕

　　　　1930 年，在廣東，因有「成為宗教迷信宣傳品」之嫌疑，容肇祖不得不將創辦多年的《民俗周刊》停辦。

　　　　1934 年，所謂的風俗改革告一段落，「新生活運動」代之而起。南京政府對民俗學研究採取了極端的排斥態度，說「民間文學家們在搞復活迷信的活動」。

　　　　……

　　對於民國來說，革命的目的，本在爭取民權。可在手段上，卻必重兵權，故當革命成功之後，勢必形成「軍權獨大，妨礙民權」的局面。這樣的結局本是孫中山想事先避免的，可惜沒有成功。〔註62〕結果不但致使民權果受妨礙，甚至還連累到學術的正常發展也時常遭遇威脅，以致出現民國時期的民歌研究竟也要冒風險的怪事。

　　這樣，面對幾乎無所不在的國家壓力，學者的出路通常只有兩條，要麼

〔註58〕楊森編著：《貴州邊胞風習寫真》，第八章〈娛樂・唱歌〉、第九章〈結論〉、附錄〈民間善良習俗實施辦法〉等部分，貴州省政府邊胞文化研究會印行，1947 年；《促進邊胞文化運動之意義》，貴陽，西南印刷所，1946 年。

〔註59〕史華慈：〈五四及五四之後的思想史主題〉，費正清主編：《劍橋中華民國史》，1983 年，中譯本，章建剛等譯，上海人民出版社，1991 年，頁 431～482。

〔註60〕周作人：〈關於猥褻的歌謠〉，《語絲》99 期，1926 年 10 月 2 日。

〔註61〕趙世瑜：〈鍾敬文的早期民俗學思想〉，中國民俗學會等編：《中國民俗學年刊》，1999 年創刊號，上海文藝出版社，1999 年，頁 3～18。

〔註62〕蔣永敬：《孫中山與聯治》，胡春惠：《民初的地方主義與聯省自治・代序》，中國社會科學出版社，2001 年，頁 1～5。

合作，要麼退讓；中間或極端的態度都有危險。結果「在政府的檢查制度和公眾的反感輿論面前」，洪長泰總結說，學者們「顯得那樣勢單力薄」，只好選擇屈服，乃至在整個民國時期——無論軍閥統治還是國民黨掌權，爲了保留學術活動的權利，民間文學的研究者之間不得不形成了盡量迴避政治的「默契」。值得慶幸的是，「幸好中國現代知識分子既有熱情，又有忍受力，他們堅持把運動開展下去，並不大理會這些政治壓力和其他各種攔路的障礙」。〔註63〕

更重要的是，「『防民之口，甚於防川』，人民的筆容易防，人民的口最難防」。〔註64〕無論官學兩界怎樣的糾葛離合，歌謠仍是要在民間繼續傳唱的：

　　吃菜要吃白菜頭，

　　跟哥要跟大賊頭，

　　睡到半夜鋼刀響，

　　哥穿綾羅妹穿綢。

此歌爲劉兆吉在雲貴途中（貴州盤縣）採集。聞一多爲之慨歎不已，連呼只因上蒼予我後方幾萬萬以「睡到半夜鋼刀響」爲樂的「莊稼老粗漢」，才保證國人不是「天閹」！〔註65〕儘管有「民主鬥士」之稱的聞一多本人後來也遭殺害——歌謠仍永遠活在民間，「時刻都在民眾的裏流唱著」。

相比之下，民歌之所以敢於表達對時政的褒貶和對施政者的愛惡，是因爲其有感而發，「不懂得阿諛，不懂得拘束」。〔註66〕

〔註63〕〔美〕洪長泰：《到民間去：1918～1937年的中國知識分子與民間文學運動》，中譯本，董曉萍譯，上海文藝出版社，1993年，頁130、266。

〔註64〕陶元珍：〈表達民意的歌謠〉，《歌謠周刊》第三卷第十三期，1937年6月26日。

〔註65〕參見劉兆吉：《西南采風錄》，〈聞序〉，1942年12月初版，商務印書館，2000年8月影印，頁1～8。

〔註66〕徐芳：〈表達民意的歌謠〉，《歌謠周刊》第三卷第十三期，1937年6月26日。

第八章　東洋「跳板」與西洋「先生」

　　本書一開始就提過，早在北京大學正式發起歌謠徵集和研究之前，就已有了「洋人的先例」。除了意大利人韋大列的《北京歌謠》等「西洋」事例之外，引起當時中國學界注意的還有「東洋」日本的類似研究。

　　《歌謠周刊》創辦後，編者曾經指出，此前有關中國歌謠的外國著作裏，最好的兩本之一是日本平澤晴七的《臺灣的歌謠》（《臺灣の歌謠と名著物語》）。〔註1〕周作人評價說其譯文比原文「尤為明瞭優美」。〔註2〕平澤晴七的著作出版於 1918 年，與北大開始徵集歌謠的時間相仿，顯見日人的腳步「相當的早」。〔註3〕而比這更早的還有，那就是光緒末年（1907）的《清國俗樂集》。〔註4〕

作為「樣板」和「跳板」的日本

　　島國日本，古稱「扶桑」，近稱「東洋」；雖為近鄰，卻隔在海外。自晚

〔註1〕　〔日本〕平澤清七：〈臺灣的歌謠・序〉，北京大學《歌謠周刊》，第九號，1923 年
　　　　3 月 11 日。
〔註2〕　周作人：〈中國民歌的價值〉，北京大學《歌謠周刊》，第六號，1923 年 1 月
　　　　21 日。
〔註3〕　楊麗祝：《歌謠與生活：日治時期臺灣的歌謠採集及其時代意義》，臺北，稻
　　　　香出版社，1990 年，頁 80。楊祝把平澤清七的原著譯為《臺灣的歌謠和民間
　　　　故事》，作者也稱「平澤丁東」；而當年北大《歌謠周刊》寫為「平澤清七」、
　　　　周作人寫為「平澤平七」，並且注明羅馬拼音為「H. Hirazawa」，備考。
〔註4〕　《清國俗樂集》，日人著，1907 年。參見吳釗、劉東升編著：《中國音樂史略》，
　　　　人民音樂出版社，1983 年，頁 403；張靜蔚：《中國近代音樂史料彙編》，人
　　　　民音樂出版社，1998 年，頁 131。

清以來，因其「明治維新」的成功以及「應戰」西方的見效，竟由以往被敵視的「倭寇」一變而爲中國精英「東遊取經」的仰慕對象。當然取經的本意，並非要變中國爲日本，而是考察島國，放眼世界，借「東洋」學「西洋」，最終趕超西方。

「戊戌變法」領袖康有爲在《日本書目志》中主張通過廣譯日本書，以日本爲橋梁，傳播西方知識，進而達到啓發民眾之目的。〔註5〕此種主張的來由有二。一是在中國精英眼中，日本的諸多方面都走在了前面；另一是兩國的歷史文化十分類同，因而由近鄰的「轉口」比從遠邦的「引進」還更爲可靠便捷。

戊戌失敗後，梁啓超亡命日本，開始「還隨處伸引孔子春秋微言，更隨處以孟子解釋『民』義」，後來，由於感到「傳統的文化不足以濟時艱」，西洋的現代思想「順勢而入」，「漸漸地改變了他的態度」。〔註6〕但是儘管他早年也曾借助翻譯，瞭解西洋，可成就不大；到日本後，才由於學習「東文」，實現了「借日通西」。這一點在梁本人的《三十自述》裏即有過交代，曰：「戊戌九月至日本……自此居東者一年，稍能讀東文，思想爲之一變。」〔註7〕

此時的日本，在「文明開化運動」和「自由民權運動」等的推動下，興起了倡導民權、開啓民智和培育民德的社會變革浪潮。政府在「明治維新」後開始把教育重點由士農工商的「士」轉爲全體國民，注重通過「民德的培養」，鍛造「日本人的魂性」。在知識界，福澤諭吉發表的《勸學篇》與《文明論概略》等論述也強調了對「國民教育」的關注。西田幾多郎還「並手寫口講」，力圖使這樣的舉措更行之有效。〔註8〕

日本的變革不僅對「清國」上下產生了激勵，而且爲後者提供了觀摩演習的舞臺。一方面，不但晚清官員不斷前來考察視探，亡命異國的改良派與革命黨首領也同時在這裡出版「開啓民智」的報刊，並展開有關「民權」的激烈論戰；另一方面，屬於學界的李叔同、曾志忞等人在這裡操習「新樂」

〔註5〕 康有爲：〈日本書目志・卷二〉，上海大同譯書局刊，頁21。參見盛邦和：〈上世紀之交東亞傳統回歸與中國情況〉，上海社會科學院東亞文化研究中心編：《東亞文化論壇》，上海文藝出版社，1998年，頁24～25。

〔註6〕 張朋園：〈梁啓超與清季革命〉，臺灣，中央研究院近代史研究所專刊，11期，1999年，頁22。

〔註7〕 梁啓超：《三十自述》，《文集》之11，頁18，轉引自張朋園，1999年，頁27。

〔註8〕 盛邦和：〈上世紀之交東亞傳統回歸與中國情況〉，上海社會科學院東亞文化研究中心編：《東亞文化論譚》，上海文藝出版社，1998年，頁24～25。

與「文明戲」，周氏兄弟一人由此而激起「救治國魂」的志願，一人從這裡引回日後產生重大影響的「民俗學」術語。總之，在中國志士眼中，「東洋」榜樣的意味是複雜豐富的。它既給同為東亞成員的中國提供了極大鼓舞，同時也使長期以「中央大國」自居的「炎黃子孫」產生了強烈刺激。

光緒三年（1877），出使日本的清廷官員受到宴請，接待方式雖已採西人，但所奏樂歌仍為東土雅樂《蘭陵王破陣曲》、《唐太平舞》之類，「頗饒古趣」，令人倍感親切，禁不住賦詩唱和：「賓筵酒饌翻新式，樂部笙歌依舊聲。演習太平唐代舞，諸伶白首憶西京。」〔註 9〕二十多年後，又一位出使東洋的官員卻在學堂教歌的景象裏激起另一番感受：

> 觀同文學校……次觀唱歌室，教唱《從軍樂》之章及日本《竹謠》。
>
> 教習鼓風琴，以導其音節，抑揚有致，令人生蹈厲發揚之感。〔註 10〕

由於「榜樣」的魅力日漸增大，還有人甘願自費渡海考察，並在考察返歸後上奏朝廷，提出以日本為例，改良國戲。仿傚日本的理由是其「學步歐美，厥名芝居」。具體而言，就是要學日本改演新戲，且讓政府參與，「由文學士主筆，警察官鑒定；所演皆忠孝節義，有功名教之事。」並強調「此事雖微，實於風俗人心大有關係。」後來這位考察者獲得了知府官位。其所奏條陳即為朝廷採納：清帝指令民政部參酌辦理。「民政部除了通知各省外，也箚飭京師內外巡警廳遵行。」〔註 11〕

另有兩位女中豪傑，也曾借民間俗歌的形式鼓吹過仿傚「東洋」的主張。一個以《五更調》高聲唱道：

> 五更裏，天將明，雞聲報曉。想一夜，我國事，好不寒心。若因循，從此後，洋人日盛……那日本，三十年，轉衰為盛。我中國，能改變，怎不如人？〔註 12〕

另一個用《十二月曲》發出呼喊：

> ……臘月裏想我郎，郎郎梅花紅。刀槍劍戟響丁咚。當兵的國民，多般好。你看那日本人雄立亞東！

〔註 9〕 何如璋：〈使東述略〉，收入張靜蔚編選《中國近代音樂史料彙編》，人民音樂出版社，1998 年，頁 67。

〔註 10〕 戴鴻慈：〈出使九國記〉，1904 年。收入張靜蔚編選《中國近代音樂史料彙編》，人民音樂出版社，1998 年，頁 77。

〔註 11〕 李孝悌：《清末的下層社會啟蒙運動：1901～1911》，河北教育出版社，2001 年，頁 183～184。

〔註 12〕 《安徽俗話報》，第一期。

　　兩首歌都刊登在陳獨秀主編的《安徽俗話報》上，發表時編者特別對後一首中的「當兵的國民」和「雄立亞東」作了補充說明，指出「日本知西洋各國，全國的人都要當三年兵，這叫做國民義務兵役」；又「中國和日本、高麗都在亞細亞的東方，稱做亞東三國。」〔註13〕

　　在這樣的時代風氣下面，近代中國對「東洋」日本採取了上下結合的主動的引進。表現在歌謠與民俗上，主要有三個方面，既教習、日歌與西學。

　　所謂「教習」，就是人才的聘用，也即「洋教頭」的引進。晚清以降，由於仰慕日本的成功，清國朝廷與民間紛紛聘請日人來華擔任傳授新樂的教習。這些教習與中國的同行一道，促成了學堂樂歌的產生；但隨之派生的結果是導致在中國孩童中廣泛傳唱的新歌多以日本曲譜作為主調。〔註14〕有的新歌索性「直接取自日本書部省所編唱歌集，按譜製歌」。〔註15〕此種現象直到沈心工這樣的國樂改良者對「日歌」心生厭感後才漸有所變。〔註16〕不過「洋教頭」的引進，對近代中國的變遷產生了深遠影響則是不容忽略的事。後來國共兩黨從蘇俄、歐美聘請高級顧問參與「指點江山」，可謂晚清此舉的延伸。在被洋人槍炮打開國門的「半殖民地」中國，與外界交往的過程中，始終糾纏著這種既主動又不情願的輸入。

　　隨著「日歌」與「日人」的引進，中國學界還從「東洋」吸取了有關文學批評和歌謠民俗的理論著述。據後人粗略統計，僅在20世紀前半葉裏，中國就翻譯出版了外國文論約110種，其中日本部分約41種，占總數的40%。〔註17〕有人認為當時對日本書論的翻譯「其數量之多，影響之大，要在日本的文學創作以上」。〔註18〕這裡面最為突出的，是廚川白村《苦悶的象徵》（有魯迅和豐子愷的譯本）這類因深受西學影響而被視為「西方文論分支」的日

〔註13〕《安徽俗話報》，第七期。

〔註14〕汪毓和：《中國近現代音樂史》，人民音樂出版社，1984年，頁17。

〔註15〕蔣維喬：《新撰唱歌集・初編・序》，1909年，中國藝術研究院音樂研究所藏本。轉引自張靜蔚編選《中國近代音樂史料彙編》，人民音樂出版社，1998年，頁168～169。

〔註16〕參見沈心工：《重編學校唱歌集》編輯大意，國藝術研究院音樂研究所，1912年藏本。收入張靜蔚編選《中國近代音樂史料彙編》，人民音樂出版社，1998，頁161～162。

〔註17〕梁盛志：《中國文學與日本書學》，國立華北編譯館，轉引自王向遠：《二十世紀中國的日本翻譯文學史》，北京師範大學出版社，2001年，頁62～63。

〔註18〕王向遠：《二十世紀中國的日本翻譯文學史》，北京師範大學出版社，2001年，頁62～63。

本現代文論。〔註19〕

　　大批現代日本書論的引進，不但帶入了有關民俗事項的「東洋看法」而且開啓了後世關注其頗具特色的「歌學」研究之先河。早些時候，在喚起民智、增強國力的思潮影響下，國人較爲注意的是日人對民間俗歌的批評改造。如1906年出版的《唱歌教科書》便特地請出日本的鈴木米次郎作序。鈴木的「序」先對音樂在國民教育上的重要意義做了肯定，並說在這點上，本不分東、西。但又指出，近世以來，雅樂淪胥，俗樂泛濫；後一類「下里巴人」之曲，「或有文而無聲，或有聲而不文」，難以借其發揮國民之精神。値是之故，今中國樂者自創新歌，並譜以東、西洋曲，足可稱道。〔註20〕

　　不過上述傾向多半出現在近代中國的早期音樂界；文學和民俗學界的引進，則同時強調了對民眾文化和民間文學的注重。在這當中，與「東洋」關係過從的周作人最值一提。前面說過，後世論者多把「民俗學」一詞引入中國的功勞歸爲周作人。然而周作人的引進又何止是一個專門的術語？深入而論，經他所介紹論及的日本歌謠民俗研究至少就包括好幾個相互關聯的重要方面，即：民間傳承、民藝運動、平民文學和俗歌民謠。出於對日本作深入瞭解的需求，周作人很早就對日本民俗學泰斗柳田國男的「民間傳承」理論予以了特別的關注，並在事後作過總結，曰：

　　　　我們對於日本感覺興味，想要瞭解他的事情，在文學藝術方面摸索很久之後，覺得事倍功半，必須著手於國民感情生活，才有入處。我以爲宗教最是重要，急切不能直入，則先注意於其上下四旁，民間傳承正是絕好的一條路徑。〔註21〕

　　由於柳田國男在民間傳承研究方面的成果誘人，以致周作人雖購得其沾上墨痕的著作不能更換，卻仍在閱讀之後深表欽佩，感到從中「得到不少的利益與悅樂」。周氏接著又關注了日本「民藝運動」代表人物柳宗悅的《宗教及其本質》及《工藝之道》等著，並對未能親眼一睹的日本「民藝博物館」表示了神怡之情，末了還以自己的「國情」爲對照，直言說：「中國的道學家

〔註19〕王向遠：《二十世紀中國的日本翻譯文學史》，北京師範大學出版社，2001年，頁62～63。
〔註20〕鈴木米次郎：《唱歌教科書‧序》，1906年，張靜蔚編選《中國近代音樂史料彙編》，人民音樂出版社，1998年，頁150～151。
〔註21〕周作人：〈我的雜學〉，《周作人民俗學論集》，上海文藝出版社，1999年，頁1～39。

聽之恐要說是玩物喪志，惟在鄙人則固有感激也。」至於後來通過對日本「風俗歌」和「平民文學」的介紹而對周氏本人及中國「五四」新文學運動的影響，人們多有注意，這裡就不作展開。還需論及的是周作人對日本學界有關俗歌民謠研究的述評。其中涉及的有佐佐醒雪、高野斑山等人所著的《俗曲評釋》、《俚謠集拾遺》以及《日本歌謠史》、《歌謠集成》等。種類繁多，論述專門，且「皆是大部頭」。周作人於民國十年曾譯出俗歌六十首，其中「大都是寫遊女蕩婦之哀怨者」，如日人所云，「眈想那卑俗的但是充滿眼淚的江戶平民藝術以爲樂」，且還因「歌謠中有一部分爲兒童歌，別有天眞爛漫之趣，至爲可喜」。〔註 22〕後人論述說，周作人受日本民俗學的啓發頗大：「他最早將日本民俗學的建立者柳田國男的著作介紹至中國，其研究也深受柳田的影響。」〔註 23〕

由此可見，在後來北京大學發起徵集和研究民間歌謠的運動中，周作人之所以十分投入並敢於爲「征夫野老遊女怨婦」和「猥褻的歌」說話，其中便已打上了「東洋」樣板的印記。至於多年以後，部分中國學者在比較文學研究向「東方文論」領域的拓展中，對日本「歌學」的再度引進和論述，亦當視爲這一印記的進一步延伸。〔註 24〕當然若以今人的眼光看，周作人時期之對日本「歌學」，無論是介紹還是研究都過於隨意和粗淺，值得承繼者繼續發掘之處還很多——這是後話。

在談到近代中日交往的演變時，不少論者偏向以「日本對中國的影響」來做前提。其實不但「影響」一詞十分含混，並且容易導致對此過程中雙向「互動」的掩蓋。實際上，單就民歌的調查研究而言，當時的情況堪稱「中日互探」：中國探「風氣」，日本探「風情」。前者即中國學界對「東洋樣板」的引進和吸取，以用於本國社會的改造轉型。後者則指當時作爲「列強」之一的日本在中國展開的一系列民俗考察。這是在討論所謂「東洋樣板」時，需要特別加以關注的。

日本對中國歌謠民俗的調查研究早在清代便已開始。光緒年間，受聘到

〔註22〕參見周作人：〈我的雜學〉，收入《周作人民俗學論集》，上海文藝出版社，1999 年，頁 1～39。

〔註23〕楊麗祝：《歌謠與生活：日治時期臺灣的歌謠採集及其時代意義》，臺北，稻香出版社，1990 年，頁 43。

〔註24〕有關日本「歌學」較爲詳細的介紹論述，可參見曹順慶主編：《東方文論選》，「日本書論部」部分，四川人民出版社，1996 年，頁 639～842。

中國擔任學堂指導的日本教習，就乘來華之便，搜集整理並出版了「清國俗樂」。其強調的基本看法是：若要研究中國風俗，就不可不先對中國的國樂進行普遍的調查。於是不但四處採集，而且親自實踐，先「習其吹彈歌謠」，而後再「據泰西樂譜法，一一記其節奏」，久之其書積爲堆」；結果是收穫甚豐，「調之雅俗，音之洪纖，各種樂曲，大抵備此。」〔註25〕

　　對中國風情進行系統深入調查的日人當中，以鳥居龍藏這類的民俗學和人類學家最爲注目。自光緒年二十一年（1895）起，鳥居龍藏便開始了在中國境內的全面調查，地域從東北、西南直到海島臺灣，內容則包括了考古學、體質人類學和民俗學等領域的諸多事項。因其涉及面廣，影響深遠複雜，既被一些論者稱爲「來自民間的博士」、「國際著名的學者」、「東亞學界的巨人」〔註26〕以及「對中日友好作出貢獻」的前驅；〔註27〕亦受到過另一些人的責難，認爲是以學術探討之所得爲「日本帝國主義」侵華服務的「學政結合」、「朝野一片」體現。〔註28〕

　　鳥居龍藏的調查成果有《紅頭嶼土俗調查報告》（1902）、《苗族調查報告》和《從人類學上看中國西南》（1926）等。其中便涉及了對各地民歌的調查描述。在爲林耀華《涼山彝家的巨變》一書所寫的簡評中，鳥居龍藏提到了自己於光緒二十八年（1902）冬季對雲南西康各地「羅羅」（後稱彝族）族群的調查，一方面爲自己的調查成果因故未出深表遺憾，另一方面則在今後繼續深入研究「羅羅」神話、傳說等方面表示出對中國同人寄予的厚望。〔註29〕

　　1895 年，甲午戰爭失敗後的清朝政府與日本簽訂「馬關條約」，接受割地懲罰，致使臺灣成爲日本的第一個海外殖民地。爲了在新獲得的領土進行統治，殖民政府「殷切需求」日本民俗學與人類學界的幫助，而這些學科也爲找到了研究海外異民族的用武之地而倍受鼓舞。日占臺灣後，在官方主導下，

〔註25〕《清國俗樂集》，日人著，1907 年，收入張靜蔚：《中國近代音樂史料彙編》，人民音樂出版社，1998 年，頁 131～132。

〔註26〕黃才貴：《影印在老照片上的文化：鳥居龍藏博士的貴州人類學研究》，貴州民族出版社，2000 年，頁 1～8。

〔註27〕參見安志敏：《在北平時期的鳥居龍藏先生》：《影印在老照片上的文化：鳥居龍藏博士的貴州人類學研究・代序》黃才貴編著，貴州民族出版社，2000 年，頁 1～4。鳥居龍藏在北平燕京大學任教時，安志敏曾是他的學生。

〔註28〕參見楊森編著：《貴州邊胞風習寫真》，貴州省政府邊胞文化研究會印行，1947 年，西南印刷所，貴陽，1946 年，頁 2。

〔註29〕參見林耀華：《涼山彝家的巨變》，附錄 1，〈鳥居龍藏有關《涼山彝家的書評》〉，商務印書館，1995 年，頁 277～278。

很快成立了「番情研究會」這類的機構，負責對原住民文化的調查。「番情研究會」明確宣稱自己的宗旨是爲了建立殖民地的統治秩序。該會會刊《番情研究會志》的〈發刊詞〉寫道：「爲了施行第十九世紀的文明政治，……惟有以摯實對於就做爲講求秩序之行政的先鋒，方能顯揚帝國獲此新領土之名譽。」〔註30〕

對於這段歷史，後世的臺灣學者作了相關評論，總結說「在調查習慣民俗的政策下」，歌謠作爲習慣民俗的組成部分而受關注，被官學兩界從文學、民俗、音樂和人類學的方面加以調查研究；〔註31〕儘管這樣的調查研究具有使本土民眾「皇民化」的企圖，但其對臺灣歌謠的研究開啓和資料搜集，尤其是大量有聲材料的存留可謂「成績斐然」，功不可沒。〔註32〕

不過在論及中日兩國在近代歌謠民俗研究方面的雙向互動時，除了要瞭解中國學界的態度外，還需注意被視爲「樣板」和「跳板」的日本方面對中國的看法與轉變。後世的論者多對近代日本的改革領袖伊騰博文稱讚有加，卻有意無意忽略了伊騰所代表的對中國之傲慢。據史料記載，甲午戰敗後，清朝特使李鴻章赴日求和，先遭日人擊傷，後又在談判席上受到伊騰博文「咄咄逼人」的訓斥，不得不顯出「俯首聽命」的窘態：

> 伊騰：……中堂（指李）見我此次節略，但有允、不允兩句話而已。
>
> 李：　難道不准分辯？
>
> 伊騰：只管辯論，但不能減少。
>
> 李：　既知我國爲難情形，則所求者，必量我力之所可爲。
>
> 伊騰：時限既促，故將我所能做到者，直言無隱，以免多方辯論。

〔註33〕

〔註30〕黃智慧：〈日本對臺灣原住民族宗教的研究取向：殖民地時期官學並行傳統的形成與糾葛〉，徐正光、黃應貴主編：《人類學在臺灣的發展——回顧與展望》，臺北，中央研究院民族學研究所，1999 年，頁 143～196。

〔註31〕楊麗祝：〈歌謠與生活：日治時期臺灣的歌謠採集及其時代意義〉，臺北，稻香出版社，1990 年，頁 43。

〔註32〕黃智慧：〈日本對臺灣原住民族宗教的研究取向：殖民地時期官學並行傳統的形成與糾葛〉，徐正光、黃應貴主編：《人類學在臺灣的發展——回顧與展望》，臺北，中央研究院民族學研究所，1999 年，頁 143～196。

〔註33〕王芸生：《六十年來中國與日本》，第二卷，轉引自胡繩《從鴉片戰爭到五四運動》，上海人民出版社，1982 年，頁 421。

　　另一位常被國人奉爲思想榜樣的福澤諭吉指出，近代以後日本「朝野一心，革除舊弊，舉凡一切均效法西方列強」，目的唯有一個，那就是：「以圖傲視亞洲諸國」。爲此，他號召日本「脫亞入歐」，並不惜攻擊他稱爲「東方之惡鄰」的中國，認爲其「雖稱『仁義禮智』，實徒具其表，無分毫眞知灼見，如無恥之徒，傲然尙不自省。」〔註34〕

　　日本著名的民族學家梅卓忠夫專門論述過日本對中國態度的歷史轉變。主要觀點如下：

1、**從文明的生態史觀來看，日本與中國是本質不同的文明**　唐代以前，日本受中國影響；此後進入「日本化」時期，與中國分道揚鑣，開始突出其「黑洞」（只進不出）特徵；由於（1894～1895）「甲午戰爭」獲勝，「表明了到那時爲止的遠東地區傳統的國際秩序的結束，同時也使日本對於遠東文明的中心──中國持有的自卑感一躍變爲了優越感」。

2、**日本不應被視爲亞洲國家**　所謂「亞洲」一詞無非是對歐亞大陸的歐洲以外地域的泛指而已。並且，「亞洲一詞也不是説同伊朗、越南、日本等國商量了之後而下的定義」，「所以日本有理由拒絕承認自己是亞洲的一員」。

3、從跳出遠東和亞洲的眼光而以比較文明角度來看，**日本與西歐是本質相同**，甚至可稱爲另一個歐洲，或遠東地區的「另一歐洲式國家」，二者分別屬於歐亞大陸「第二區文明」的東洋和西洋，「從這兩個地區位於歐亞大陸兩個極端的地理位置來看，可以説它們畢竟同屬世界史上的例外」；但又彼此並行進化，先後成爲近代國家。

4、整個説來，**包括中國在內的「第二區」的歷史是破壞與征服的反覆過程**：「大量的游牧民多次出現在這一地區，並以暴風雨般的氣勢席卷著這一地區的文明世界」；因此，「一個王國只有在有效排除外來侵略的時候才能繁榮昌盛。

5、從這樣的比較眼光來看，「**日本擺脫中國而走上獨自發展道路**」的做法，與阿爾卑斯山脈以北的國家擺脫地中海世界形成歐洲或中世紀世界的做法，「存在著歷史發展的並行現象」。

6、以上是從日本人的觀點進行的觀察，此觀點雖然在日本屬於少數，但支持的人在逐步增加。〔註35〕

〔註34〕參見：福澤諭吉：《脫亞論》。
〔註35〕梅卓忠夫：《何謂日本》，楊芳鈴譯，百花文藝出版社，2001年。

梅卓忠夫曾任日本國立民族學博物館館長，1940 年代以來前後十多次到中國東北等地考察訪問，並應邀赴歐洲多國宣講以上論點，影響很大。

與此相似，另一位日本學者安騰彥太郎的《日本的中國研究及歷史認識》同樣值得關注。該書指出：〔註36〕

（1）明治維新與甲午戰爭後，「日本人的中國認識，在時間軸上，分爲對古典世界中國的尊崇與對現實世界中國的輕侮」。

（2）西方「洋學」引發了日本的「東洋學」，但由於受「日本人一分爲二的中國像」影響，「在古典支那社會跟現代支那社會之間架橋的努力」難以實現。

（3）當時，作爲後進國的日本，「急於把西歐的經濟學成果照搬近來，很少從現實中總結出理論，更顧不上把『掉隊』的中國作爲自己的研究對象」。

（4）因此，對於即便是「五四運動」這樣在中國影響巨大的事變，日本方面也幾乎「完全置若罔聞」。1919 年 5 月 6 日《大阪每日新聞》社論的評價是：「（此運動）猶如歇斯底里之女子發作一般，難免使支那人的國家陷入自縊和瘋狂狀態之中。」

中日差異，儼然可見。總體說來，近代中國的學界精英之所以學習「東洋」，其實也有迫不得已的因素在裏面。除了相對而言的交通便利、費用低廉以及語言文化接近外，最爲主要的一個原因乃在於，當時的「東渡之士」是想要借助日本，學習西方，或是因去不成西方，才不得已改赴「東洋」。周作人就回顧說，他自己就是先學西文，後來因爲「被派往日本留學」，才「又不得不再學日本書」。只不過他總結說，東洋西洋，各有所獲：從西洋學的大多爲「知」，由「東洋」學的主要爲「情」。〔註37〕周氏的所得或許只是個案，但大體說來，中國學者從「東」、「西」二洋都有收穫，並且每每借東洋爲跳板，遙取「西學」，這也當爲不爭的事實吧。究其根源，乃在近代以後，中日之間在應戰西洋之「歷史性闖入」上的明顯差距：伴隨早期工業化的成功，日本率先經歷了西化過程，因此充當了「中國知識領域西化的媒

〔註36〕李玉、嚴紹璗主編：《傳統文化與中日兩國社會經濟發展》，北京大學出版社，2000 年，頁 20、23、25。

〔註37〕周作人：〈我的雜學〉，《周作人民俗學論集》，上海文藝出版社，1999 年，頁 1～39。

介」。〔註38〕而由於中日雙方在地緣與文化上的糾纏，中國也不是沒有被日本用作過「跳板」，比如已有論者注意到的所謂「上海NETWORK（網絡）」就是一例。論者認為，作為日本「通往西方的入口」和情報基地，「上海網絡」的存在，甚至對「明知維新」的成功都起到了重要的促進作用。之所以出現這樣的中日互動、「互探」，依照西化論者的看法，是因為中日兩國的近世轉變存在一個共同之處，那就是：彼此的近代化都不過是「對西方文明的接受與吸收」。〔註39〕

作為「對手」和「教師」的西方

> 拿鼓板，坐長街，高聲大唱。尊一聲，眾同胞，細聽端詳：
> 我中華，原是個，有名大國，不比那，彈丸地，僻處偏方。
> 論方里，四千萬，五洲無比；論人口，四萬萬，世界誰當？
> 論物產，真是個，取之不盡；論才智，也不讓，東西兩洋。
> 看起來，哪一件，比人不上？照常理，就應該，獨稱霸王。
> 為什麼，到今日，奄奄將亡，割了地，賠了款，就要滅亡？
> 這原因，真真是，一言難盡，待咱們，細細微，共做商量。
>
> 〔註40〕

此段如此慷慨激昂的言辭，出自陳天華的《猛回頭》。其以彈詞形式寫成，不僅可以供一般粗識文字的人閱讀，也可以作為唱本，用來彈唱，因而廣受喜愛。據記載，清末年間，革命黨人在清營中秘密活動，將其奉為至寶，「日知會」將其大量印刷，「幾於各軍兵士人手一本」。〔註41〕「有時退伍，散至民間，則用為歌本，遍行歌唱，其效力之大，不言可喻」。〔註42〕

在歷陳國難的慘烈現狀並數說了強國保民的若干良方之後，陳天華激勵

〔註38〕〔美〕顧定國：《中國人類學逸史——從馬林諾斯基到莫斯科到毛澤東》，中文版，胡鴻保、周燕譯，社會科學文獻出版社，2000年，頁27～29。

〔註39〕劉建輝：〈日本明治維新與上海〉，北京大學比較文學與比較文化研究所編：《多邊文化研究》，新世界出版社，2001年，頁198～214。

〔註40〕陳天華：〈猛回頭〉，中國史學會主編：《辛亥革命》，第二冊，上海人民出版社，1981年。

〔註41〕曹亞伯：《武昌革命史‧上》，上海書局，1982年，頁136。

〔註42〕曹亞伯：〈武昌日知會之破案〉，中國史學會主編：《辛亥革命》，第一冊，上海人民出版社，1981年，頁577。

國人學習美、法、德復仇建國的先例，奮起抗爭，「哪怕他，槍如林，炮如雨下，哪怕他，將又廣，兵又精強」；只要睡獅醒來，向天一吼：「到那時，齊叫道，中華萬歲。才是我，大國民，氣吐眉揚！」〔註43〕這樣，「一代中國知識分子的夢魘，就以如此淺白而震人心弦的吟唱，漸漸向四周的土地，向下層無知的『愚夫愚婦』擴展。」〔註44〕

東、西洋人的入侵，釀成了一代國人的夢魘；夢魘驚醒，便開始了欲「以夷制夷」的探知和仿傚。在以新知識界為主體的所謂「中體西用」應變中，對國學如此，民俗也是這樣。

近代以來中西之間從政治到學術的交往，內容繁多，意義深遠，迄今的論述也各有創見，不勝枚舉。若從歌謠民俗方面來看，值得探討的問題不少，如「民的自主」、「國的確立」、「人的進化」和「俗的再識」等等。下面圍繞「民的自主」、和「俗的再識」集中分析，兼及討論「國的確立」和「人的進化」。

（一）「民」的自主

本書論述到此的一個基本觀點是，在從「帝國」到「民國」（從「清國」到「中國」）的轉變過程中，「民眾」成為了近代中國的歷史主題。對於由士大夫階層分化出來自由知識分子和職業革命家來說，處理這一主題的思想資源不外兩個，一是傳統儒家的「民本」主張，一是西方引進的「民主」政治。光緒年二十一年（1895），孫中山在檀香山組建「興中會」；十年後，在東京創辦《民報》。在其親撰的《民報》發刊詞裏，對西方有關「民」的主題作了全面闡述：

> 余維歐美之進化，凡以三大主義：曰民族，曰民權，曰民生。羅馬之亡，民族主義興，而歐美各國以獨立。洎自帝其國，威行專制，在下者不堪其苦，則民權主義起。十八世紀之末，十九世紀之初，專制僕而立憲政體殖焉。世界開化，人智益蒸，物質發抒，百年銳於千載，經濟問題繼政治問題之後，則民生主義躍躍然動，二十世紀不得不為民生主義之擅場時代也。是三大主義皆基本於民，遞嬗變異，而

〔註43〕陳天華：《猛回頭》，中國史學會主編：《辛亥革命》第二冊，上海人民出版社，1981年。

〔註44〕李孝悌：《清末的下層社會啓蒙運動：1901～1911》，河北教育出版社，2001年，頁221～233。

歐美之人種胥治化焉。〔註45〕

從西洋到東洋，自本土而海外，孫中山將世界新知用於中國的改造，反對君主，爲民革命，終於促成了「數千年未有之變局」，其本人亦贏得了「民國之父」的名聲。後人評價說：「中國沒有他，未必沒有一次革命，然而那革命未必能推翻清朝，更未必能建立中華民國」。〔註46〕從中西交往的角度來看，只需替換一詞，此話也能說通，那就是：「中國沒有西方，未必沒有一次革命，然而那革命未必能推翻清朝，更未必能建立中華民國」。

爲孫中山立傳的西人海法特指出，中國傳統的國家秩序，雖一向存在君民之間的矛盾衝突，可在儒家學說等的支撐下，仍能維持平衡；然而「自與西方接觸以後，此種平衡方式便根本動搖，不可收拾。」〔註47〕所謂接觸的中介，就是孫中山及其鼓舞的革命黨人對西方學說的吸收和引進。具體而論，作爲民國基礎的「三民主義」，即源於對林肯「民有」、「民治」和「民享」思想的再造。林肯的話出自在葛底斯堡（Gettysburg）的那次著名演講：〔註48〕

87年前，在我們祖先的建造下，一個新的國家在這裡誕生了；這個國家以自由爲理念，並堅信人「生而平等」的主張。……我們決不會讓開國的先烈白白犧牲；在上帝的庇護下，自由將在我國重生，而這個民有、民治、民享的政府將永存於世上。

「林肯的話給予孫中山很大的鼓勵，構成他的民族、民權、民生三大思想，三位一體，故稱三民主義。」〔註49〕在這個意義上，不妨再誇張些說，沒有林

〔註45〕 轉引自翦伯贊、鄭天挺主編：《中國通史參考資料·近代部分》，修訂本，下冊，中華書局，1985年，頁351～352。

〔註46〕 黎東方：〈民國的國父〉，《細說民國創立》，上海人民出版社，1997年，頁7。

〔註47〕 〔德〕海法特（H. Herrfahrdt）：《孫中山傳》，中譯本，王家鴻譯，中山學術文化基金會編譯，臺灣商務印書館，1978年，頁7、20～21。

〔註48〕 *Basler, Roy*, 1953. The Collected Works of Abraham Lincoln, Vol. VII, New Brunswick, N.J., Rutgers University Press, p.20.

　　　Fourscore and seven years ago, our fathers brought forth on this continent a new nation, conceived in liberty and dedicated to the proposition that all men are created equal.

　　　......we here highly resolve that these dead shall not have died in vain that this nation under God, shall have a new birth of freedom and that government **of the people, by the people, for the people,** shall not perish from the earth.

〔註49〕 〔德〕海法特（H. Herrfahrdt）：《孫中山傳》，中譯本，王家鴻譯，中山學術文化基金會編譯，臺灣商務印書館，1978年，頁68。

肯代表的西方民主政治，就沒有孫中山「三民主義」的誕生，接下來也就不會有「中華民國」的出現，以及其後「歌謠運動」的興起和胡適、顧頡剛等新知識界人士為「民眾文化」的大聲吶喊和關注民風之主張的廣為傳播。

不過需要強調的是，近代「西學東漸」的過程並非單向引進，而同樣是中西互動的雙向行為。在這點上，筆者曾以「西方文論在中國」為例做過討論，認為在文論和詩學的交往方面，「從源頭與傳播兩個方面來看，西方文論之成為中國的『在』，從一開始就不是自然現象而是人為結果，也就是說，其是『使在』而非『自在』。並且最初的『使在』者不是中國而是西方。」具體說來，「西方文明在近代『殖民擴張』進程中，伴隨著基督教傳播和工業化輸出，一直在企圖把西方文化（包括文學和文論）移植到『非西方文明』的世界各地。中國只是其中的大區之一。當時最早的『使在』者，是一批不惜花時間經曆學習掌握輸入國語言習俗，甚至甘冒極大風險親臨播化的傳教士。」〔註 50〕與此相應，中國的情況是，即便到了晚清時期，國人之中已層出不窮地湧現出形形色色的譯人、譯本，然「教會之在中國者，亦頗有譯書」；結果是致使「光緒間所為『新學家』者，欲求新知於域外，則以此為枕中鴻秘」。〔註 51〕

同樣的道理，在與歌謠研究相關的民俗學和人類學「輸入」上，西方學者的多重參與也起到了不可低估的作用。

「俗」的再識　「大概是海關總稅務司安格聯徵收甚至淨存了海關關稅；孫逸仙的顧問，米哈伊爾·鮑羅廷起草了國民黨章程；蘇聯將軍布留赫爾（「加倫」）制定了蔣介石的戰役計劃。這些人地位顯赫，但都不是中國人。在中國人的記載中，他們不是被完全刪除，就是被一筆帶過。」這是費正清（Fairbank. John. K）主編《劍橋中華民國史》「開場白」中的話。接下來的看法是什麼呢？他分析道：

> 在華外國人的失蹤，不僅反映了現代愛國者的驕傲——否認外來者在中國社會生活中扮演過重要角色，而且符合那種悠遠的傳統……在華外國人有著豐富多彩的歷史，但這是他們的歷史，而不是中國人的歷史。英美業餘話劇團曾在上海工部局治下的公共租界演出《彭贊

〔註 50〕徐新建：〈西方文論在中國：觀察、回顧與思考〉，《東方叢刊》，1999 年第 2 期，頁 19～40。

〔註 51〕梁啟超《清代學術概論》，上海古籍出版社，1998 年，第 97、105、1～7 頁。

斯的海盜》，並獲得巨大成功。但這只是一個「發生在中國的事件」，
而不是「中國歷史上的事件」。外國人的經歷與中國人的經歷是兩回
事。易卜生的《玩偶之家》之所以產生了影響，那是因爲胡適將其引
進了中國文化之門。〔註52〕

　　此話出自一個西方學者之口，爲中國方面的自我認識補充了另一種角
度。費正清等外國「同行」把鴉片戰爭後的中國稱爲「條約國家」，與我們
說的「半殖民地」類似；然而重點有所不同。值得加以參照的是，他們也注
意研究中國近代史上的所謂「影響」問題，但強調區分「一般的外來影響」
與「外國勢力的實際存在」。什麼樣的實際存在呢？該書做了大致還原（因
爲以往的記載大多從略，這裡不妨詳引）：「許多外國人曾經住在這個國家—
—在大城市，其中大部分是外國人享有部分管理權的通商口岸，有成千上萬
的外國居民；歷屆中國政府雇傭過數百名外國雇員；內地的傳教點上散步著
數千名外國傳教士。除此以外，中國內河上還有外國軍隊的要塞和外國的軍
艦。」接下來，費正清指出了一個至爲關鍵的矛盾，中國的變革深受外國的
影響，然而這樣的影響又被用做反抗外國的力量。用其話說，那就是：「這
是一場利用外國人、外國的援助、觀念和方法等，去打擊作爲其目標的外國
在華機構的革命。」從中國本位的立場上看，這又可稱爲建立在民族主義根
基上的「以夷制夷」。而之所以能夠如此，是因爲所謂的「外國」，本身便包
含了兩層內涵，一是體現王道的「先進西方」，一是代表霸道的「帝國主義」。

　　通過這樣的歷史背景來看待民國和民國時期的歌謠運動，以及此「運動」
中長久存在的西方「影響」，或許要全面一些。

　　西方對中國的考察研究早在傳教士（或「探險家」）時期便已開始。爲了
更加深入細緻的瞭解民風國情，民俗學、人類學理論與方法的運用可說是貫
穿始終。僅以西南地區爲例，十九至二十世紀進入川滇黔邊的柏格理、克拉
克（Samuel. R, Clark）、弗朗索瓦・巴達讓等人，可以說便通過在「蠻荒」地
帶甘冒風險的考察參與，開創了後來西方傳人及其培養的中國學生，以現代
眼光審視這一地區的先河。柏格理不僅在川滇黔邊地傳播西方教義，而且深
入瞭解苗族文化習俗，參與創制苗文、幫助培養出第一代苗族的「新式人才」，

〔註52〕費正清主編：《劍橋中華民國史》，1983 年，中譯本，章建剛等譯，上海人民
　　　　出版社，1991 年，頁 1～10。

最後死在與其本土遠隔千山萬水的雲貴山區。〔註53〕

　　克拉克於十九世紀來華，在西南民族地區生活了三十多年，在回國度假期間寫成《在中國西南的部落裏》一書，1911 年在倫敦出版。書中詳細描述了其所見到的西南民族生活情況，也包括了對「土著」歌謠的採集、介紹。作者強調說，苗民雖然沒有文字，卻流傳著大量的口頭傳說，「這些傳說是歷史上集體創作、代代相傳的結晶」；同時還將苗族歌謠與羅馬古歌加以比較，認爲兩者的洪水傳說「極爲相似」；末了又指出，苗民雖有不及漢人之處，但也決非愚昧無知，彼此的友好往來常在民間出現。〔註54〕

　　　　是誰開闢天地？樊惟開闢天地。

　　　　是誰造就萬物？者尼造就萬物。

　　　　是誰生成人類？者尼生成人類。

　　　　是誰生成男女？者尼生成男女。〔註55〕

　　　　……

　　這是克拉克所記苗歌的一個片段。他先對其中一些概念加以介紹，說「『樊惟』意爲『天王』，是苗民宇宙觀中的人類創世祖先」，然後表示這個傳說很有意思，因爲「它跟漢人複雜的宇宙起源學說大相徑庭」。

　　與前兩位英國先驅的「傳教」不同，從法國來的弗朗索瓦·巴達讓等人在雲南的考察被稱爲「探險」。在其後來經人整理出版的報告中，記錄了包括漢民歌曲、藏族「圓舞」以及苯波教祭禮、摩挲文字等豐富內容在內的民俗見聞。其中還兼帶著好些西方人的比較與評價。比如，由於深入西南腹地生活日久，自己的「聽覺已習慣於漢族和藏族的樂曲旋律」。對於一個西方人而言這不大正常，因爲「該旋律在歐洲可能被視爲『噪音』」。當見到藏族的民間「圓舞」活動時，他一邊將其與法國的外省歌舞進行對比，一邊評價說它「沒有一點兒亞洲風味」。而在提到傈僳族的類似歌舞時，卻又描述得生動具體：

〔註53〕關於柏格理在西南山區傳教、考察的事迹，可參閱其子所作的《柏格理在中國》，1928 年出版一書；中譯本，蘇大龍譯，貴州民族研究所編印，1989 年。

〔註54〕塞繆系·克拉克：《在中國西南的部落裏》，1911 年；中譯本，蘇大龍、姜永興譯，貴州民族研究所編印，1985 年。

〔註55〕引文據蘇大龍的翻譯。其中首句裏的「是」字係根據後人的苗歌翻譯常例而加。「樊惟」原作記爲 Vang～Vai。

當萬籟俱靜時，儸儸人成群結隊聚集在一起，圍成巨大的圓圈，演奏握在手心中極細小的竹製樂器。可我們幾乎聽不見，因為有一個在模仿孩子聲音的豎琴聲。然而，在無限憂鬱、溫柔的夜空下，還是布滿了人，四處一片喁喁低語聲。〔註56〕

弗朗索瓦·巴達讓等人深入西南，雖在百年以後仍被中國的著譯者叫做「探險」，可在他們當年的自我命名裏，卻稱為「科學考察」；至於考察的成果也並非只是供給常人消遣，而是在精心嚴謹的準備下，提交完整規範的科學報告。1895 年，考察者整理了一份十分詳細的表格式調查成果，其所體現的人類學專業水準，使其後（民國早期）中國學者進行的民歌「采風」顯得過於單薄。

現參引引如下：〔註57〕

蒙自至大理府情況調查結果〔註58〕
（1895 年 2 月 27 日至 5 月 26 日）

地理	測定行程 1700 公里，其中 1290 公里為新路。 緯度 30° 經度 4
地磁	磁偏角 12°

〔註56〕有關弗朗索瓦·巴達讓探訪「香格里拉」的情況，可參見《永不磨滅的風景：香格里拉——百年前一個法國探險家的回憶》一書。該書雖被出版商製作成了通俗性的暢銷讀物，但據譯著者介紹，其是在雲南中甸鮮為人知的 26 部、約 1000 萬字外文資料中，經過大量查找和翻檢後整理而成的。該作雖帶有一定的編著性質，但其中「所採用的一切素材都是真實的」，因而可當作一部經過整理的資料彙編來看待。參見郭素芹著譯：《永不磨滅的風景：香格里拉——百年前一個法國探險家的回憶》，雲南人民出版社，2001 年，頁 29～32、249～260。

〔註57〕需提請讀者注意的是，此處的表格內容經過了著譯者的整理（程度多少不得而知），不一定就是原著的樣式，個別譯法也還值得推敲。本書參引的目的是為了說明，當時西方考察者進入中國之際在學科準備方面的「專業化」水準。參見郭素芹著譯：《永不磨滅的風景：香格里拉——百年前一個法國探險家的回憶》，雲南人民出版社，2001 年，頁 163～165。

〔註58〕郭素芹著譯：《永不磨滅的風景：香格里拉——百年前一個法國探險家的回憶》，雲南人民出版社，2001 年，頁 29～32、249～260。

人種志
- 服飾與樂器
  - 布朗婦女的服裝和飾物
  - 羅羅人刺繡品
  - 里丁耳環
  - 羅羅婦女的服裝
  - 一種哈土人銀蘆笛
  - 一種哈尼人服裝
  - 擺夷婦女的服裝
  - 一種老人樂器
  - 一種羅羅人的煙袋
- 文字
  - 22 部羅羅文手寫本，來自 6 個不同的地方，其中兩本部分翻譯成漢文。
  - 用羅羅文拼寫的 100 個法語詞彙的單字。
  - 擺夷宗教的手抄本。
  - 3 部現代擺夷手寫本。
- 語言〔註 59〕（每種語言大約有 70 個詞彙）
  - 1 種布朗語言
  - 3 種哈尼語言
  - 6 種羅羅語言
  - 2 種里丁語言
  - 2 種擺夷語言
  - 1 種蒲滿語言
  - 1 種哈土語言
  - 2 種老街語言

貿易
- 歐洲和蒙自本地商品交換的貨樣
- 歐洲和猛烈本地商品交換的貨樣
- 歐洲和思茅本地商品交換的貨樣
- 歐洲和緬寧本地商品交換的貨樣
- 歐洲和大理府本地商品交換的貨樣
- 在思茅出售的各類茶葉

〔註 59〕原作者注：「我在不同地區都專心學習好多當地種族或土著部落的語言詞彙，以便逐一比較和校正」。

$$自然歷史\begin{cases}動物\begin{cases}哺乳類：22\ 個標本，包括\ 12\ 個品種。\\ 鳥類：165\ 個標本，包括\ 98\ 個品種。\\ 魚類：11\ 個標本，包括\ 6\ 個品種。\\ 龜類：1\ 個標本。\\ 蛇類：2\ 個標本。\end{cases}\\ 植物\quad 119\ 種植物\\ 地質\quad 29\ 種岩石\end{cases}$$

$$攝影\begin{cases}276\ 幅攝影作品（9×12cm）\\ 204\ 張快鏡對稱照片\end{cases}$$

在北方，西方傳教士也同樣對中國的鄉村以及民間生活進行了全面的考察描述。例如明恩溥就特別地關注過中國鄉村。明恩溥（1845～1932）是美國公理會傳教士，本名阿瑟・史密斯，曾在華生活近 50 年並最早建議美國總統退還庚子賠款。他認為中國鄉村是這個古老帝國的縮影，「通過對它的考察，我們將會很好地提出糾錯改正的建議」。〔註60〕在經由鄉村體現的民間文化方面，明恩溥儘管同樣表示說鄉里上演的民間戲劇、音樂，難免人多雜亂，但同時又注意到其對於不識字的廣大鄉民的重大意義和深遠影響：因為這些生活在底層的人們，很少讀歷史，幾乎全是從「聽戲」中獲得對過去的認知，因此常常不去區分真實與虛構。通過對鄉村文化的考察，明恩溥總結說：

> 或許中國戲劇最最有啟發意義的地方就在於，可以將這種戲劇當作一種生活理論的導引，而對這種理論，大多數中國人都是堅定不移的信奉者，儘管他們自己未意識到這一點。有嚴格流行的說法是：「世界不過是一個舞臺，為什麼要將生活當作真實的？」

明恩溥引用的格言或許就是流傳在中國民間戲社的一句對聯：「舞臺小人生，人生大舞臺」。有意思的是，明恩溥對此做了特別強調，指出「可以肯定，任何一個地方都沒有像中國這樣徹底地表現這個理念」。〔註61〕

總之，與近代以來的所謂「西學東漸」總體進程相似，歌謠與民俗方面的中西交往，也基本表現為三條並行而又有所交叉的主線，即：(1) 西方勢

〔註60〕〔美〕明恩溥：《中國鄉村生活・前言》，*Village Life in China*，中譯本，午晴等譯，時事出版社，1998 年，頁 1～2。

〔註61〕〔美〕明恩溥：〈鄉村戲劇〉，《中國鄉村生活》，*Village Life in China*，中譯本，午晴等譯，時事出版社，1998 年，頁 53～68。

力對中國情況的獨自研究；（2）西方勢力向中國的輸入傳播；3）中國方面對西方理論的逐步引進。第一條主線通常不與中國交涉，儘管其中的極少成果也曾在被偶爾發現後再度引進中國，如意大利人韋大列的《北京歌謠》等，但其本來的意圖只是爲了供給西方世界認識和把握中國之用，故多在西方世界流通出版，並構成外國人眼中的「中國想像」。在這點上，其後發展出來的「漢學」、「中國學」以及「東亞研究」等等均屬一類。其中的大部分論著至今仍鮮爲中國學界所知。所以這條主線及其產品是否也具有於西方之阿拉伯研究那樣的「東方主義」性質，還有待後人在發掘、分析後再作評論。但無論如何，民族眾多、文獻豐富、歷史悠久的中國在近代以後作爲西方深入考察的「半殖民地」，對其包括民俗學和人類學在內的學術擴展起到不可低估的作用卻是勿容質疑的。

第二條線主要表現爲西方在華人員的傳授和合作。據統計，20世紀20年代中期，基督教在華創辦的大學已共有在校生3500人，接近於當時中國全部大學生人數的12%。外籍教師超二百多人，占此類學校教師人數的一半以上。其中最爲著名大學分別是：北京，燕京大學；上海，聖約翰大學；南京，金陵大學；成都，華西協和大學；濟南，齊魯大學等。教會大學多用西方教材授課，並以「美國取向」作爲典型方式。〔註62〕在1928年前，它們均在美國註冊，因此「實際上是一些自成體系的外國領地」。〔註63〕

在傳授民俗學、人類學和社會學等學科知識方面，以燕京大學和清華大學爲例，外國來華的一批接一批教授們，起到了「奠基性」作用。其中影響較大的有：

步濟時（J.S.Burgess），燕京大學社會學系創辦人，參與過北京的綜合性社會調查；

拉德克利夫－布朗（Briton Archibald），1935年到燕大講學，講授的內容與治理「土著」相關，強調「吾大英帝國有非、亞、澳、美各洲殖民地土著，若執行吾人對彼等之責任，則有兩種急切需要呈現，第一爲對各土著之系統研究，欲求殖民地行政之健全必須對土著文化有系統之認識。第二爲應用人類學之知識於土著之治理及教育」。當時

〔註62〕顧定國：《中國人類學逸史──從馬林諾斯基到莫斯科到毛澤東》，中文版，胡鴻保、周燕譯，社會科學文獻出版社，2000年，頁50～51。
〔註63〕費維愷：〈外國勢力在華存在〉，費正清主編：《劍橋中華民國史》，1983年，中譯本，章建剛等譯，上海人民出版社，1991年，頁142～220。

的社會學系主任吳文藻請拉德克利夫－布朗擔任林耀華等的碩士論文
導師。在拉德克利夫－布朗的推動下，燕京大學比較注重應用研究，「爲
中國應用人類學的發展打下了良好的基礎。」〔註64〕其中的成功事例
是，林耀華後來進行的田野調查就運用了這爲導師傳授的方法，並用
「功能主義的觀點」分析材料。〔註65〕

　　史祿國（S.M.Shitokogoroff），「一位以中國爲家的外國人」，俄籍
在華教授，先後任教、任職於中山大學、清華大學以及中央研究院，
當過楊成志、費孝通等中國新一代人類學家的「先生」，並且參與了若
干次對中國社會的實地考察。有意思的是，後來的美國學者顧定國評
價說，林耀華、楊成志和費孝通等中國學生，「不僅吸收了自己導師的
知識，而且還超過了他們。」〔註66〕

　　雷德菲爾德（Robert Redfield），1948 年訪華，儘管在燕京大學任
教的時間不長，但他提出的「大傳統與小傳統」理論卻對後來的歌謠
民俗乃至作爲整體的中國文化研究產生了深遠影響。〔註67〕

　　余英時在論述「士與中國文化」時就明確採用了雷德菲爾德的理論，認
爲「大傳統」（great tradition）與「小傳統」（littlie tradition）的二分，可解釋
中國傳統社會的上、下互動，並指出這樣的劃分與中國古代即有的「雅」、「俗」
區別「恰好相當」。〔註68〕這樣，余英時對雷德菲爾德理論的使用便似乎具有
欲使國學古論經西學洗禮後實現其現代轉化的企圖。這一點，回頭來看，在
幾十年前的「民歌」研究中，就露出了端倪。

　　當時的表現，突出地反映在對西方「民俗學」也即 Folklore 的引進、論爭
和使用過程中。這就是所要提到的第三條主線：中國學界對西學的引進。

　　宣統二年，張亮採撰寫關於中國風俗的專著，洋洋數萬言，通篇充滿國
學詞語和本土情調。全書主旨也一再強調爲「正風俗以正人心」及「保存國

〔註64〕石奕龍：〈中國應用人類學發展史略〉，《應用人類學》，廈門大學出版社，
　　　　1996 年，頁 51～59。
〔註65〕顧定國：《中國人類學逸史——從馬林諾斯基到莫斯科到毛澤東》，中文版，
　　　　胡鴻保、周燕譯，社會科學文獻出版社，2000 年，頁 52～54。
〔註66〕同上，頁 58～64。
〔註67〕Robert Redfield, *Peasant Society and Culture: An Anthropology Approach to
　　　　Civilization.* University of Chicago Press. 1956.
〔註68〕余英時：〈中國文化的大傳統與小傳統〉，《士與中國文化》，上海人民出版社，
　　　　1987 年，頁 129～139。

粹」云云。〔註 69〕不過十年工夫，後繼者的同類論述卻大爲改觀：國事仍在討論，「洋文」業已引入。較早將 folklore 理論引入國內的事例，據認爲是胡愈之在 1921 年上海對的介紹。該文以《論民間文學》爲名發表，先將英文的 Folklore 同德文的 Volkskunde 並舉，指出其在歐美發達已久，在中國卻還是初創。接下來又說在這 Folklore 裏面，民間文學佔了主要部分。然後便通過二分方式，把它拿來同「少數天才人物」的文學做了對比，指出民間文學是「口述的文學」（oral literature）、「耳聽的文學」和「集體的文學」，其中主要包括歌謠、故事等類型。

此外胡愈之又訴苦說，由於文化及語言的差異，folklore 一語不易譯爲中文，怎麼譯都顯得勉強。〔註 70〕後來的學者找出了解決辦法，即還是像日本人那樣，就把它譯成「民俗學」。於是，通過民、俗、學三個原有漢字的巧妙組合，不但實現了對西方重要理論分支的順利接納，並且在古老的國學「領土」上播下了日後將要生根發芽、開花結果的新種。

又過十年，署名張瑜的作者在北平《晨報副刊》發表〈民俗學的性質、範圍和方法〉論文，以嚴謹全面而又明白易懂的方式，對此西學原理進行介紹，標誌著「民俗學」知識已從學界向大眾層面的進一步傳播。值得注意的是，該文特別強調了民俗產生的特定團體，即「民俗社會」（Folk society）或「民俗團體」（folk group）。此外，其還對文學與民俗學的關係以及與民俗學相關的學科發展作了補充介紹，即：文化人類學研究古代社會、民俗學研究農村社會、社會學研究近代社會。文章指出：

> 民俗學自成一種科學，實有兩方面密切聯絡的學問，那就是文學和文化人類學。民俗學自身就可稱爲一種粗淺的文學，不過不是任何個人造作的……文學常能反映時代的精神，因此幫助民俗學不少；然而民俗學考究出來的題材也可幫助文學，使其易於瞭解各代文學家的作品……
>
> 總而言之，民俗學的題材，包括初民社會和所謂文化社會作保存的一切傳統的信仰、風俗、習慣、故事、傳說、歌謠、諺語、謎語等。
>
> 〔註 71〕

〔註 69〕張亮採：《中國風俗史》，商務印書館，1912 年。
〔註 70〕胡愈之：〈論民間文學〉，《婦女雜誌》七卷一號，上海商務印書館，1921 年 1 月。
〔註 71〕張瑜：〈民俗學的性質、範圍和方法〉，北平《晨報副刊》，1934 年 6 月 6 日，《二十世紀中國民俗學經典‧民俗理論卷》，苑利主編，社會科學文獻出版社，

　　這裡既指出了「民俗社會」的特性，又強調著雅、俗之間的關聯，在一定程度上意味著西方理論在中國本土的吸收和消融。其中談到代表高雅社會的「文學」與代表下層社會的「民俗學」間的互動互助，實際上已表達出對「俗」的價值肯定及其與「雅」的整合可能。沿著此一理路的發展，還有人提出把 Folklore 譯作「民眾智識」（The learning of the people），意在突出民間文化的積極含義。〔註72〕

　　這樣，在西學引進的背景下，「俗」在漢語經驗中的意義，就逐漸由以往多含貶義的「粗俗」、「鄙俗」漸變為中性乃至褒義的「通俗」、「民俗」了。由此一來，不但「俗謠」的意義得到上昇，把「民歌」作為學術研究的對象也變為上層精英引以為榮的善舉、要事。

　　然而先是「強弱懸殊」，既而又發展為「現代化」（西化）擴張與追隨，在這樣的歷史先決前提限制下，中西雙方一開始就處在並不對等的「師生關係」之中。因而最初是對洋人早於「我們」採集中國歌謠感到汗顏，接著便承認落伍，主動學習——或向在華先生求教，或遠渡重洋留學；既而開始介紹西學，仿傚西方先例，末了又表現為不甘落後，奮起直追。這便是民國時期中國人接受西學的大致過程。可最出人意料的是，學也學了，追也追了，最後在「俗」的問題上，卻因一個「進化論」的推理使「我們」落入到與「蠻夷」區別不大的後進和邊遠之中，也即變成了有待「進化」或拯救的對象。也就是說，在以西方「文明」為中心的標準下，整個的中國都成為了「俗」，若想提升，出路也有，那就是努力轉化——「化」為西方之「雅」。

　　1921 年，《歌謠周刊》創刊不久，就刊登了讀者意見，對「我們中國人」連外國人都不如，「對於民俗文學這樣的缺少興味」表示不得不揮一把汗。〔註73〕此類言行表明「外國學者的一批民俗學著作首開風氣之先，給懷有強烈民族自尊心的中國人帶來了苦惱」。〔註74〕

　　1928 年，《民俗周刊》在廣州創辦，第一期發表了鍾敬文的一篇小結，坦率承認「現在中國無論哪一種學術的成績，都遙落在別的國

2002 年，頁 17～22。

〔註72〕見林惠祥：〈怎樣研究民俗學〉，《廈大周刊》第 15 卷第 30 期，1936 年 6 月 22 日。

〔註73〕參見北京大學《歌謠周刊》第 4 號，1923 年 1 月 7 日。

〔註74〕〔美〕洪長泰：《到民間去：1918～1937 年的中國知識分子與民間文學運動》，中譯本，董曉萍譯，上海文藝出版社，1993 年，頁 34。

度之後！」而相比之下，「民俗學（Folklore）」則落後得「連名詞都未普及」。〔註75〕

1928 年，楊成志將英國的《民俗學手冊》中的部分內容譯成中文的《民俗學問題格》出版，顧頡剛評價說該著的西洋的學者積了數十年的經驗寫出來的，「我們正可以借了他們的方案來做自己的方案」。

1936 年，梁實秋在復刊後的北大《歌謠周刊》上介紹 18 世紀英國的歌謠復興運動，指出正是因為歌謠的採集，才使得英國品味「為之一變」。〔註76〕

1937 年，《歌謠周刊》再登介紹德國民歌與文藝復興運動關係的稿件，向國人強調德國的文藝運動「幾乎每一步驟都是民歌有關」。〔註77〕

1932 年，胡愈之翻譯法國學者的《圖騰主義》一書，全面介紹世界各地的原始「圖騰」，指出所謂圖騰（totem）就是「原始的或半開化的人群」自我選用的獸類稱號。研究這些圖騰，有助於我們明白某種宗教的概念在「昏暗的史前時代」已微露曙光。〔註78〕

1936 年，林惠祥發表關於《怎樣研究民俗學》的專題演講，介紹西方民俗學和民族學的區別，指出，前者研究「文明民族」中「無學問階層」的行為；後者研究「野蠻民族」所體現的「原始」生活。〔註79〕這實際上是對何敬思以前的介紹進行補充。何敬思曾經指出過西方理論中的民俗學對象主要有二，即「文明世界之民俗殘存物」和「未開化部族之民俗現存物」。〔註80〕

……

〔註75〕 鍾敬文：〈數年來民俗學工作的小結帳〉，廣州中山大學《民俗周刊》，第 2 期，1928 年 3 月 28 日。

〔註76〕 梁實秋：〈歌謠與新詩〉，《歌謠周刊》，第二卷第九期，1936 年 5 月 30 日。

〔註77〕 李長之：〈略談德國民歌〉，《歌謠周刊》，第二卷，第三十六期，1937 年 2 月 27 日。

〔註78〕 胡愈之：《圖騰主義》，開明書店，1932 年，轉自王文寶：《中國民俗學史》，巴蜀書社，1995 年，頁 311～313。

〔註79〕 林惠祥：〈怎樣研究民俗學〉，《廈大周刊》，第 15 卷第 30 期，1936 年 6 月 22 日。

〔註80〕 何敬思：〈民俗學的問題〉，《民俗周刊》，第一期，1928 年 3 月 1 日。

　　那麼該怎樣看待「民俗學」後面所隱含的文、野區分與中、西之別呢？容肇祖的一篇論述顯示出了對這個問題的某種擔憂。他寫道：「中國的歌謠以及風俗上一切的事情，從前學者很少注意。外國人借著傳教，散佈在中國內地的關係，歌謠及風俗的材料，反有所得。」這是事情的一面。此外，令人不安的是，「或有不加細考其材料的性質及時代的關係，便以為中國文化降低程度的特徵。」更有甚者，「外國人研究中國的歌謠、風俗，已嫌隔膜，加以傳教士每有缺乏研究學問的態度，先懷鄙夷的觀念，來搜集消遣的材料，至於誤會的解釋，更是餘事了。」〔註81〕

　　這就是說，西學的引進一方面終於使人類「進化」學說逐漸替代了當年孔子倡導的「吾從周」崇古主張，也消解了「天不變，道亦不變」的歷史循環主義；另一方面又由於對文明與野蠻、現代和原始的二元劃分，使不如西方的衰弱中國放棄了以往的「自我中心」，面臨著日益凸顯的「文明」考驗。

　　對於已打算虛心向西方學習的中國精英們來說，這是一個更大的挑戰。它的壓力超過了一國之內民主與君主的對抗以及民歌從官學的解放，結果必將引發的是：以「民族」重建國家、用「國學」應戰「西學」的另一場較量。

　　一更裏，月初生。愛國的人兒心內明，錦繡江山須保穩，怕的是人家要瓜分。

　　二更裏，月輪高。愛國的人兒膽氣豪，從今結下大團體，四萬萬人兒是同胞。

　　三更裏，月中央，愛國的人兒把眉揚，為牛為馬都不願，一心心只想那中國強。

　　四更裏，月漸西，愛國的人兒把眉低，大聲呼喚喚不醒，睡夢中的人兒著了迷。

　　五更裏，月已殘，愛國的人兒不肯眠，胸前多少血和淚，心裏頭一似滾油煎。

　　這是另一首出現於晚清社會的「愛國歌」。其以「五更體」的時調模仿民歌，表達出一個民族「救亡圖存」的激昂心情。〔註82〕在作為「半殖民地」（或「協約國家」）的近代中國，「西學東漸」的傳遞雖帶來了「現代」啟蒙，但

〔註81〕容肇祖：〈北大歌謠研究會及風謠調查會的經過〉，中山大學歷史語言研究所，《民俗》第15～16、17～18期，1928年7月1日、7月25日。

〔註82〕李孝悌：《清末的下層社會啟蒙運動：1901～1911》，河北教育出版社，2001年，頁217～218。

西方「老師」的過於氣盛，反倒使作爲「學生」的一方感到亡國亡種的威脅，從而促成了精英與俗唱的結合，這不能不說是同樣令人深思的現象。

第九章　個案與結語

　　如果要做結語的話，可以大體這樣說：晚清至民國的中國「歌謠學運動」，始於民歌，止於國學，兼容中外，含蓋古今；既主要由學界發動，又始終有官方干預。「民歌」裏面，從「民」到「歌」，內容豐富，含義駁雜。「民」的界說一直在變，既哀不幸又怒不爭，「市民」乎？「鄉民」乎？「土民」乎？總之眾口不一。「歌」的評價也爭辯不休，或率眞或粗鄙，或學習或改造，還是終無定論。併入「國學」，也不例外，由於找到了最寬泛之容器，於是便引來眾人馬的彙集，大旗底下，各顯神通。分開來看，同樣以國學的名義：有人以民粹抗官府，有人借**歌謠**反聖賢，有人靠**國**家治民眾，還有用**學**術化俗唱。

　　合在一起，則便是力圖拿「民歌」溝通古今，企望由「國學」處理中外。如果說後者在「倡導國故」的同時，包含著激進的民族主義；前者則在「到民間去」的過程中，顯現出保守的傳統主張。

　　這樣的判斷，只是結語而不是定論。在由小見大的意義上，朱自清的「個案」便是恰當的說明。

朱自清「背影」的象徵 [註1]

　　朱自清（1898～1948）是一個包含激情同時又淡薄人生的文人，無論從

〔註 1〕　以下的論述在第三章的「何謂歌謠」一節有過相關「鋪墊」，可結合參看。關
　　　　於朱自清治歌謠學的個案意義，梁昭的一篇論文也曾進行過初步的研究。計
　　　　劃中的想法是將其與周作人、顧頡剛、胡適等同類事例放在一起，做成一個
　　　　互為補充的系列。參見梁昭：《一個被忽略的「背影」——論朱自清的〈中國
　　　　歌謠〉》，四川大學中文系 2001 屆學士論文，打印稿，2001 年 5 月。

民歌、國學亦或是連通古今中西的意義上，都值得加以專門的分析。與同時代不少「暴得名聲」而後或「大起大落」或「銷聲匿迹」的豪傑壯士相比，他雖不事張揚卻又影響久遠。他寫的散文《背影》是新文學的名篇，而被用作課本，則跨越了上下二十世紀，到如今仍然未變，繼續打動著無數學子的心。同時代的人說，朱自清「那麼誠懇，謙虛，溫厚，樸素而並不缺乏風趣。對人對事對文章，他一切處理得那麼公允，妥當，恰倒好處。他文如其人，風華從樸素出來，腴厚從平淡中出來。」〔註2〕後人的評論是：「從五四登上文壇，到1948年在貧病交加中去世，他的一生，恰恰完整地反映了中國現代歷史前三十年的歷程。他的人生道路和思想發展、文化立場和價值取向，在中國知識分子中具有很大的代表性。」〔註3〕而在時代特徵的意義上，朱自清所代表的學術器度，「可以四字盡之：平和寬容」。〔註4〕

對於民國時期的歌謠研究來說，朱自清的個案意義，同時表現在他的文學創作、學術研究和現實參與幾個方面。創作上，他以白話寫散文，把「開風氣」者們的驚世口號化為平實動人的作品，突出地體現了新文學運動「轉向民間」的成就；此外在詩歌創作方面又新舊交替，既發表新詩──在拿本土民歌與外國譯作結合的嘗試中，表達出對現實動蕩的憂患和對美好未來的嚮往，同時也運用舊體──在研習經典的承繼裏，遙望往事，唱和感懷。

現實參與方面，朱自清在北大發起歌謠徵集之初，就有過積極投入的表現。據那時的編者回憶，時常是《周刊》還沒印出，就已見朱自清在發行處等候多時，一副欲先睹為快的勁頭。〔註5〕後來朱自清不僅給《歌謠周刊》撰稿，討論歌謠與詩的關係，〔註6〕而且通過為相關論著寫序的方式，發表對歌謠研究的看法，一方面贊同歌謠研究有文學與學術的兩種價值，一方面也指出民歌的內容有優有劣，如能做到既不貶斥也不誇張，「恰如其分的看去便好」。〔註7〕此外，他既作為自由詩人活躍在具有「民間」意義的文壇，贏得

〔註2〕 此為楊振聲描述朱自清的一段話。參見《朱自清紀念文集》，頁11～12。
〔註3〕 吳為公：〈著名文學家、學者、民主戰士朱自清〉，《新文化史料》1999年第1期。
〔註4〕 錢伯城：〈《經典常談》導讀〉，載朱自清《經典常談》，上海古籍出版社，1999年，頁1～18。
〔註5〕 常惠：〈回憶《歌謠》周刊〉，《民間文學》1962年第6期。
〔註6〕 朱自清：《歌謠與詩》，原載《歌謠周刊》，1935年，收入《朱自清全集》第八卷，江蘇教育出版社，1999年，頁272～276。
〔註7〕 朱自清：《粵東之風·序》，《民國叢書》第四編（60），上海書店1983年影印版，頁7～11。

廣泛的社會聲譽，同時又以著名教授的身份，在高等學府中靠體制化的知識生產和政府發放的薪水爲生；一開始還能夠在美國人以「庚子賠款」創辦的清華大學內與世無手地潛心治學，最後卻在國難當頭時因不願領「美國救濟」而貧病死去。

學術研究方面，朱自清先後撰寫的《中國歌謠》和《經典常談》兩部著作，或歌或學，亦古亦今，既連通了民和國，又交融著中與外，最值得對照分析。

《中國歌謠》是朱自清在清華大學開課的講稿。開講的時間是在民國十八年（1929）。最早的油印本叫做《歌謠發凡》，後改成鉛印，名稱也才定爲《中國歌謠》。據朱在清華的同事回憶，以歌謠登上高等學府，「在當時保守的中國文學系學程表上，顯得突出而新鮮」。〔註8〕

由於清華大學潛在的「國恥」陰影，開辦初期一度顯露著「一切仿照美國」的殖民化性格。不過因與中華民國同年創建（1911），〔註9〕其後的過程則又展現出自強不息的一面。正如曾任清華文學院院長的馮友蘭所說：「清華史前期到現在的清華大學，經歷了一步一步的歷史過程。這個歷程就是中國學術獨立的歷程，就是中華民族中興的頭等大事。」〔註10〕

朱自清在清華中文系任教期間，繫上的宗旨是在「注重新舊文學的貫通與中外文學的結合」基礎上，「創造我們這個時代的中國新文學」。〔註11〕對於這樣的氣氛下，曾在清華先當學生後爲教授的聞一多以詩的語言作過表達：

早起的少年對著新生的太陽

如同對著他的嚴師

背誦莊周屈子底鴻文

背誦沙翁彌氏底巨製〔註12〕

〔註8〕　浦江清：〈中國歌謠·跋記〉，朱自清《中國歌謠》，作家出版社，1957年，頁213～214。

〔註9〕　清華大學的前身是建於晚清的「遊美預備學校」，初名「清華國立學堂」（Tsing Hua Imperial College），辛亥革命後改稱清華學校。因有庚子賠款的背景，老一輩清華人又都稱自己的母校爲「國恥紀念碑」。參見黃延復：《水木清華：二三十年代清華校園文化》，廣西師範大學出版社，2001年，頁13。

〔註10〕　馮友蘭：〈在梅貽琦先生誕辰一百週年紀念會上的講話〉，載《梅貽琦先生紀念集》，吉林文史出版社，1995年，頁16。

〔註11〕　楊振聲：〈爲追悼朱自清先生講到中國文學系〉，《文學雜誌》，第3卷第5期。

〔註12〕　黃延復：《水木清華：二三十年代清華校園文化》，廣西師範大學出版社，2001年，頁3。

這裡雖說洋溢著對「學貫中西」的頌讚，可根子裏依舊去不掉本土的自尊。例如還是聞一多這同一個人，就以〈美國化的清華〉爲題，對前期清華的美國化傾向提出過尖銳批評。在歷數了此種傾向的種種表現之後，作者疾呼道：「美國化呀，夠了！夠了！物質文明！我怕你了，厭你了，請你離開我吧！東方文明啊！支那底魂啊！盍歸乎來！讓我還是做我東方的『老憨』吧！」〔註13〕也就是說，西學是要引進的，但卻不能丟掉了本土的傳統。至於國魂一般的東方精神，則即便被視爲「老憨」也是不可讓位給那西洋之物質文明的。所以在文學院的教學方案裏，注重在中西結合基礎上突出中國本位就是十分自然的事。

這一點對於中西皆通的朱自清也是如此。「1925年秋，時已成爲第一流作家的朱自清到校，清華園裏出現了一顆耀眼的文學明星，樹起了一面醒目的文學旌旗。」〔註14〕

朱自清來到清華做什麼呢？擔任文學院教授。在此期間，他開的課主要在中國文學範圍。其間他雖曾遠赴倫敦留學一年，還擔任過較長時間的系主任（1930～1937），但主要精力仍投入在中國文學的教研上。他先後講授的課程有「詩」、「中國新文學研究」、「高級作文」和「歌謠」。與別的同事開設的課相比，其實也不見得多麼離譜。在他周圍，同人有趙元任、俞平伯、陳寅恪和聞一多、王力等知名學者，課程則包括了從「賦」、「文」、「詞」直到「戲曲」、「樂府」、「小說」等的若干門類。

可見，朱自清在清華園對「中國歌謠」的講授，實際上已兼容了歌謠研究提出的「文藝」和「學術」目的，並體現出從「民歌」到「國學」最終走向。據浦江清的評價，朱自清講授並寫成的《中國歌謠》已是一部有系統的著作，「材料通乎古今，也吸取外國學者的理論」；在知識的廣博和用心的細密上，「別人沒有這樣做過」。〔註15〕其實朱自清的突出之初在於把民歌升爲或融進了國學，而這樣的舉措也並不是「前無古人」。先秦以來，孔子等人把「國風」（各地民歌）併入「詩經」的做法早已開了先河。朱自清等人的意義不過是在古今中西及官民交錯的近代條件下，建構出了一門承上啓下的學

〔註13〕聞一多：〈美國化的清華〉，《清華周刊》第247期，1922年5月12日。

〔註14〕黃延復：《水木清華：二三十年代清華校園文化》，廣西師範大學出版社，2001年，頁401。

〔註15〕浦江清：〈中國歌謠‧跋記〉，朱自清《中國歌謠》，作家出版社，1957年，頁213～214。

問，那就是——「民國歌學」。

　　《中國歌謠》〔註16〕從「歌謠釋名」開場，一直講到「起源」、「歷史」、「分類」和「結構」、「修辭」等各個篇章。它以民眾的歌唱爲對象，用國學的傳統做背景，採納了民國以來「歌謠運動」的若干材料，同時也兼顧到西方的相關理論和國內同人的諸多新說；可以說是晚清以來歌謠研究由「運動」到「國學」的集大成之作。這裡，「學」的含義包括了從「學術」到「學科」的多重意義；「國」的命名則顯示出從「國家」到「國族」的內外關聯。本來的歌謠，不過是一種民間俗唱，一旦經由文人治理，便轉變成爲可代表國家正統的資源和力量。作爲資源，可用來充實業已式微的傳統，形成新一輪「禮失求諸野」的雅俗交流，或曰大小傳統的互動；而作爲力量，又能被當作民族的文化武器來應對西方。更重要的是，通過治「民」之「歌」而立「國」之「學」這樣的歷史實踐，治學者們冀望著自己新知識分子身份的最終確立和實現。因此，他們一面把今天的徵集民歌與古代的采風傳統類比，以顯出對祖先的繼承發展；另一面又拿中國的白話文運動同西方的但丁、喬叟和馬丁·路德等並提，以暗示與彼共有的「革命」和「開創」屬性。〔註17〕

　　《中國歌謠》使民國歌學升爲正統，部分實現了胡適等當初以「白話的文學史」取代「古文的傳統史」的倡議。不過一方面由於朱自清對民歌俗唱的看法本來就有保留，另方面民眾的口傳一旦成爲學術便難逃變樣的危險，升爲正統後的民國歌學，也不可避免地打上了近代中國知識轉型的時代印記。比如，一開始對名稱的解釋，朱自清先是沿襲秦漢以來的做法，對各家注解逐條梳理，然後再將視野轉向西方，把西人的理論引進國學，通過對照後指出：「『民歌』二字，似乎是英文 folk-song 或 people's song 的譯名。」相對而言，「這兩個名字的涵義，與我們現在所用「歌謠」之稱最相切合。(頁7)

〔註16〕朱自清：《中國歌謠》，作家出版社，1957 年。爲省略起見，以下參引該書，只注頁碼。

〔註17〕今人在論述胡適倡導白話文運動的由來時，認爲有一個重要的契機，即其發現了歐洲各國近代文學的根本性變化「均是發軔於語言工具的改變」。如「但丁（Dante）之創意大利文、卻叟（CHaucer）之創英吉利文、馬丁路德（Martin Luther）之創德意志文」，並進而改造了個民族的文化。論者指出胡適由此反觀中國，才萌發了推動「白話文學」的決心。參見駱玉明：《關於胡適的〈白話文學史〉》，胡適《白話文學史·導讀》，上海古籍出版社，1999 年，頁 2～3。梁啓超在標舉學術力量時，則鼓動中國學者爭做本土的培根、笛卡兒、達爾文和托爾斯泰。參見梁啓超：〈論學術之勢力左右世界〉，《新民叢報》，1902 年。收入《新民時代：梁啓超文選》，百花文藝出版社，2002 年，頁 68～75。

關於歌謠的界說，朱自清認為自古就不確定，民國以來仍處在探討之中，因此最好多參引外國的學說。例如民歌是什麼呢，民歌就是「民眾喜歡」、「在民間活著」的口頭創作；民又何指？「民」就是指「不大受著文雅教育的社會階層」等等。（頁6）

接下來，在引述具體的民歌事例的時候，《中國歌謠》不但轉抄了詩經以來的歷代民歌作品，而且同樣徵引了民國時期《歌謠周刊》等採集登載的近世歌謠。而在論述「童蒙書的歌謠化」現象時，甚至選用了表面以今誦古實際卻對古今聖賢均大為不敬的新民謠：

「大學之道」，先生摜倒；

「在明明德」，先生出脫；

「在新民」，先生扛出門；

「在止於至善」，先生埋泥潭。

本來，民謠這樣一唱，已把聖賢的書（《大學》）唱得個沒了莊嚴；作者再如此一引，則又使這樣的「沒莊嚴」跑到高等學府的課堂裏廣泛傳播。不過由此一來，卻也將現代學人同封建「故紙」的牽連得到了必要的消解。

在敘說歌謠的歷史及分類方面，朱自清體現的另一個突出地方，是在中國整體的構架裏（以山歌為類型），不僅從古到今貫串了歷代民歌的縱向演進、由南至北分述了地方民歌的橫向區別（以吳歌和粵歌為例），而且還平等並置地把少數民族（以西南為主）的歌謠事象列入其中。（頁 96～108）還有一點值得指出，《中國歌謠》在以治學的方式對歌謠進行研究分析的同時，嚴肅地提出了對精英採集的「文字寫本」與民間傳唱之「歌謠真相」的區分。在這點上，朱自清贊同顧頡剛的觀點，並重申了進行這種區分的重要性。順著這一思路，作者進一步強調了通過文學與音樂（可惜沒有包括民俗）結合的辦法，開展第一手資料搜集的必要，因為如果沒有完整直接的材料，所有的歌謠研究都只是空談（此處了肯定了常惠的看法）。（頁 63～68）在這個意義上，可以說，在朱自清眼裏，民國時期的歌謠研究不過才剛剛起步，《中國歌謠》一書也只是民國歌學的初步小結而已。

由於時局動盪等多方面的原因，《中國歌謠》的總體構架未能最終完成。而到目前為止，對這部堪稱「民國歌學」時代性小結之作的研究亦不多見，正宗的國學史裏少有它的基本地位，常見的民俗學論述難把其歸入當中，外國的「師傅」也不易把它視為彼等的直系傳人，至於現實生活裏的民歌俗唱

就更難同其高深的論述相融……於是，無法。再這樣下去，其也只好以時隱時現的模糊「背影」，繼續徘徊在古今中西的交錯之間。

接下來再看《經典常談》。朱自清編著此書的時間是 1942 年，地點在昆明。當時正逢全面抗戰，清華與北大等一同南遷，在昆明合併組成了「西南聯合大學」。從年代與地域兩層意義上說，其一方面促成了幾所性質不同的名校「聯手」，同時又於戰亂之中，把一向「盤踞」在中心之地的精英文化傳播到了遙遠陌生的邊疆。在一定程度上，也不妨聯大學者的此類成果與中央研究院和「邊政學會」等組織完成的「調查報告」合在一起，稱爲民國年間歌謠研究的「邊疆時期」（或「西南時期」）。

1999 年，上海的古籍出版社將此書再版，約請錢伯城「導讀」。錢一開場就做了很高的評價，曰：「著名學者、文學家朱自清這本《經典常談》，介紹講解中國傳統文化的基本知識，是學習傳統文化經典（也叫國學）的入門書、打基礎書，又是極有學術分量的書」。然後指出，朱自清寫作此書的基本意圖，是要把深奧的國學經典，用通俗化的方式普及給大眾，從而實現提高「國民教育」水準的目的。錢伯城還提到同期在延安的另一批青年史學家也在做著類似的工作，認爲「他們南北呼應，不謀而合，都是具有濟世胸懷的學術有心人，同爲中國傳統文化的普及傳播做出了貢獻」。〔註18〕此話所提的「南北呼應」意涵豐富，涉及對民國後期另一層多元關係的評價，因不屬本書討論重點，留待以後再議。〔註19〕

話說回來，朱自清在民國後期編著經典，當然沒有忘記五四以來「新文化運動」對經學弊端的批判。可他認爲，整個的讀經是一回事，有選擇性的吸收是另一回事；並且「讀經的廢止並不就是經典訓練的廢止」。這樣，單爲國民素質的提高而計，學者也得想辦法把百姓往「經典的大路」上引；而作

〔註18〕 錢伯城：《〈經典常談〉導讀》，朱自清《經典常談》，上海古籍出版社，1999 年，頁 1～18。

〔註19〕 實際上在所謂的「南京時期」以後，隨著抗日戰爭的爆發，非但歌謠民俗的研究，整個中國的政治文化局面都發生了結構性的大變。對此，通常的近代史論著大多會強調同期的三個中心：重慶、昆明和延安。從民歌研究層面來看，這三個中心都發揮了各自的作用。前後二者代表不同的政治力量，居中的昆明則多少保持著學術的獨立。有關延安的民歌研究，本書只以音樂界的冼星海等爲例，有過稍稍提及，更爲全面深入的研究因涉及的內容很多，還得專門進行才是。

為一個「有相當教育的國民」，則有接觸和瞭解「本國經典」的義務。〔註20〕
於是朱自清實際上又把清末民初「開啓民智」的另一派主張繼承了下來，與
此前的民歌提升一道，通過經典的普及，使雅俗兩個傳統再度融合。

當然，由於經過了晚清到民國的時代演變，《經典常談》所體現的傳統精
神已今非昔比，堪稱具有了古今中西兼容交錯的「新國學」矣。對此可稍加
分析。

先說形式。在編排上，該書的體例是「依照傳統」；而相關論述，則「盡
採新說」。更重要的，通篇的言辭差不多全是白話，走出書齋，面向大眾，「只
像對朋友說家常話，並不在字面用下工夫，而自然達意，委婉盡情」──這
是書中講評《古詩十九首》的話，錢伯城以為用來形容作者自己的風格也「最
為確切」。

再看內容。全書共有十三章，包括對易書詩禮、史記、說文等篇的講解。
《詩經》列在第四，字數不到五千，然而大部分篇幅實際上都在討論古代社
會的歌與唱。其中還穿插了近人關於貴族文學和平民文學的區分關聯。該節
開頭就果然採用了近人的新說，指出「詩的源頭是歌謠」。接著便以通俗平易
的語調文字娓娓道來：

> 上古時候，沒有文字，只有唱的歌謠，沒有寫的詩。一個人高興
> 的時候或悲哀的時候，常願意將自己心情訴說出來，給別人或自己聽。
> 日常的言語不夠勁兒，便用歌唱；一唱三歎的叫別人迴腸蕩氣。唱歎
> 再不夠的話，便手也舞起來了，腳也蹈起來了，反正要將勁兒使到了
> 家。……
>
> 歌謠越唱越多，雖沒有書，卻存在人的記憶裏。有了現成的歌兒，
> 就可借他人的酒杯，澆自己的塊壘。……歌謠真可說是「一人的機鋒，
> 多人的智慧」了。(頁 23～29)

在讀或聽到這樣的文字時，你說他是在講評古代「經典」呢還是在介紹
近世的「新說」？再看下文：

> 那時的社會有貴族與貧民兩級。太師們是伺候貴族的，所搜集的
> 歌兒自然得合貴族們的口味；平民的作品是不會入選的。……到了戰
> 國時代，貴族漸漸衰落，平民漸漸擡頭，新樂代替了古樂，職業的樂

〔註20〕 朱自清《經典常談·序》，上海古籍出版社，1999 年，頁 1～3。以下對同書
的參引只注頁碼。

工紛紛散走。樂譜就此亡失，但是還有三百來篇唱詞兒流傳下來，便是後來的《詩經》了。

接下來作者進一步指出當年的孔子等人多半只是「用詩」而不是「解詩」，那時的所謂「言志」，也主要「關聯著政治或教化」，等等。於是，你說他又是在講學術還是政治？是對古人稱讚還是批評？更進一步問的話，你說他是復古還是創新？是以民歌消解國學，還是用國學兼併民歌？還有，對國民教育中「本國經典」的強調，是實現了引西學化入本土，還是使國學轉向了西方？答案應由讀者給出。

　　莽莽平原，漠漠長天，舉眼破碎河山。

　　同學少年，同學少年，來挽即到狂瀾！

　　去向民間，去向民間，國家元氣在民間。

　　莫怕艱難，莫怕熬煎，戮力同心全在咱。

　　　　——《清華大學 1937 級級歌》，朱自清詞，容啓東選譜，張肖虎和聲。〔註21〕

朱自清生在晚清，死於民國，畢業於北大，任教在清華，中間也曾留學西方，可還是卻把畢生經歷投向了國學。他生活的時代，一直都在動蕩和變革，而作爲崇尙獨立人格的知識分子，既不願「右」，也不想「左」，爲了「安心地過日子」，最於選擇了治學。或許這是一條「死路」，但他既沒有別的辦法，也「樂意這麼去走」〔註22〕。怎麼個走法呢？用朱自清本人的或說，即：「國學是我的職業，文學是我的娛樂。」〔註23〕

在學術的古今關聯與中外打通上，朱自清做到了從民歌的角度分析《詩經》，又用國學的框架論說「歌謠」，同時還把西方的理論用於本土，力圖對傳統遺產進行時代整合。他在詩學研究方面的突出表現，一是通過對「詩言志」與「思無邪」等的清理辨析，揭示傳統文論倡導「溫柔敦厚」的政教特質；〔註24〕二是繼承民國以來「新文學運動」對民間歌謠的肯定，把其列入到正統國學的範疇之中；第三則是在總結中國以往「詩文評」遺產的基礎上，參與了現代文論的開拓創建。這種以文人話語爲主導的建設，一方面發揚了

〔註21〕〈清華 1937 級年刊〉，轉引自黃延復：《水木清華：二三十年代清華校園文化》，廣西師範大學出版社，2001 年，頁 407。

〔註22〕季鎮淮：《朱自清年譜》，《朱自清文集》第 1 卷，江蘇教育出版社，1988 年。

〔註23〕《朱自清文集》第 4 卷，江蘇教育出版社，1988 年，頁 236～243。。

〔註24〕朱自清：《朱自清說詩》，上海古籍出版社，1998 年。

傳統精英的獨立精神和風範，一方面又冀望著增強學界對社會文化所能產生的作用和影響。

結　語

　　總而言之，通過歌謠研究爲橋梁，朱自清一面關注「民歌」，一面重建「國學」的雙向努力，十分突出地體現了民國歌學從發起到興衰的時代走向和內在邏輯。究其深層動力，實與中國士人既獨善其身又兼濟天下、既想做「君師」又要倡「民本」的傳統志向相關。而在「西學東漸」的風雲突變下，原有社會地位和群體身份的動搖，又使得渴求出路的「新知識分子」們不得不借西方的民主思潮的幫助，以本土的民間文化爲資源，於是也就把再次把民眾當作了對象。

　　這樣，從始於北大、終於清華，同時交匯著學界與官方相關離合的歌謠進程來看，探討近代中國的「民歌」、「國學」問題就是探討「民國歌學」問題。可以說「民國」倒是宣告建立了（當然無論「民」還是「國」都存在諸多問題），但「歌學」卻尚在完成中。不僅一代開風氣之先的學人已經作古，受文學、音樂、民俗以及語言、教育乃至民族、邊政諸多門類的分離所限，以往成果的全面整理有待完成，直面民歌「本相」的交流對話更需進行。因爲眞正的民歌俗唱並沒「呆在」學者書齋或官方文件內，而仍舊「活在」底層百姓的口傳中，遍佈在各個族群的鄉村田野裏。

　　關於後面這一點，在從人類學角度分析傳統中國的儀式和展演時，就有西方學者提出過「行動勝於言辭」這樣的看法，認爲對於中國來說，眞正的傳統，並不在古代精英的言談教誨中，而是根植和深藏於民眾生生不息的實踐行爲裏〔註 1〕。後來，中國人類學家李亦園作了進一步的發揮，認爲民眾

─────────────

〔註 1〕 Johnson, David（ed.）, Actions Speak Louder Than Words: The Cultural Significances of Chinese Ritual Opera, in *Ritual opera, Operatic Ritual: "Mu-lien Rescues His Mother" in Chinese Popular Culture*, Berkeley: CPCP，1989.王秋桂先生提供了該原文，謹表謝意。

生活中的「行動」意義，不僅只是像書本裏對抽象觀念的論述那樣，而更是對自然、人生的體驗、認知乃至超越〔註2〕。李亦園還進一步分析說，在傳統中國的學術史上，處在上層的文化人通常是不屑於到市井、鄉間或野外去關心民眾的；直到民國以後，「一批先驅的中國人文學者才開始脫下長袍，走入『田野』去做研究」；而在這樣做的過程中，一方面不得不時常陷於寂寞，一方面還要同時忍受來自民間百姓的不耐與官方行政的不滿，但學者依然堅持不懈，因爲他們的心中存有追尋眞理的信念〔註3〕。

以這個意義來看，民國時期中國知識界的歌謠研究其實正體現了溝通官民並繼往開來的時代拓展。這是值得充分肯定的歷史轉變。

末了還得反省本書自身的「歷史敘事」。在強調古今差異的論者來看，歷史就是「異國」（the past is a foreign country〔註4〕）。如果這樣的看法成立的話，該如何對待這樣的歷史異國？方法當然不少。其中一條可以參考的路徑，是當代人類學家提出的「自我反思」說。

在批評「經典民族志」寫作的當代人類學家眼中，20 世紀後半期以來的西方學界出現了一個普遍的「敘事危機」，那就是對社會科學能否充分而又恰切地描述現實而表示出普遍的懷疑。解決的辦法之一是把以往單面關注「異文化」的目光調整爲對「本書化」的深度反省：

> 這種反省仍是從描述「異文化」引申出來的。這種反省可以從實驗寫作的領域中，延伸到全球規模的文化批評。我們深信，只有通過提高傳統人類學的『異文化』描述功能，我們才能提高人類學的本書化批評功能。〔註5〕

如果可以把民國時期研究歌謠的學術群體視爲一個歷史「異族」的話，那麼，今人對其進行的考察研究，也就是另一層意義上的自我反省；而這樣

〔註2〕 李亦園：〈和諧與超越：中國傳統儀式戲劇的雙重展演意義〉，「儀式、戲劇與民俗學會宿研討會」論文，2000 年 6 月 5 日〜7 日，臺灣清華大學人類學研究所。

〔註3〕 參見李亦園：《田野圖像——我的人類學研究生涯》，山東畫報出版社，1999 年，頁 49〜67。

〔註4〕 Lowenthal, David，1985, *The Past ias a foreign Country*, Combridge: Cambridge University Press. 轉自克斯汀・海斯翠普（Kisten Hastrup）編：《他者的歷史：社會人類學與歷史製作》，中譯本，賈士蘅譯，臺北，麥田出版，1998 年，頁 17。

〔註5〕 馬爾庫斯、費徹爾：《作爲文化批評的人類學：一個人文學科的實驗時代》，Anthropology as Cultural Critique，中譯本，王銘銘、藍達居譯，三聯書店，1998 年 3 月，頁 7〜21。

的反省，也終究逃不了再被後人當作「異文化」看待的命運。

　　如此而已。

參考文獻

中文（音序）

1. 曹聚仁：《文壇五十年》，東方出版社，1997年。

2. 曹順慶：《中外文論史》，山東教育出版社，1998年4月；曹順慶主編：《東方文論選》，四川人民出版社，1996年。

3. 陳國鈞：《貴州苗夷歌謠》，貴陽文通書局，1942年4月，1974年（臺北）重印版。

4. 陳國強等主編：《中國人類學的發展》，上海三聯書店，1996年。

5. 陳志良：《廣西特種部族歌謠集目錄》，中央銀行經濟研究處，1942年11月。

6. 陳子展：《中國近代文學之變遷·最近三十年中國文學史》〔1929〕，上海古籍出版社，2000年。

7. 單純等編：《中國精神：百年回聲》，海天出版社，1998年。

8. 丁文江：《梁任公先生年譜長編初稿》，臺北：世界書局，1958年。

9. 段寶林：《中國民間文學概要》，增訂本，北京大學出版社，1985年。

10. 方國瑜：《滇西邊區考察記》，雲南大學西南文化研究室編印，1943年。

11. 馮夢龍：《山歌》，上海傳經堂1935年排印本，蘇古籍出版社1999年重印。

12. 顧頡剛：《〈妙峰山〉自序》，國立中山大學「民俗叢書」《妙峰山》，1928年9月。

13. 貴州民院歷史系民族史教研室編：《民國年間苗族論文集》，1983年。

14. 貴州省苗學研究會編：《苗學研究》，貴州民族出版社，1997年。

15. 郭素芹（著譯）：《永不磨滅的風景》，雲南人民出版社，2001年。

16. 賀淵：《三民主義與中國政治》，社會科學文獻出版社，1998年。

17. 胡春惠：《民初的地方主義與聯省自治》，中國社會科學出版社，2001 年。

18. 胡懷琛：《中國民歌研究》，《民國叢書》第三編 56 卷，上海書店，1983 年。

19. 胡繩：《從鴉片戰爭到五四運動》，上海人民出版社，1982 年。

20. 胡適：《白話文學史》，上海古籍出版社，1999 年。

21. 胡愈之：《圖騰主義》，開明書店，1932 年。

22. 黃才貴：《影印在老照片上的文化：鳥居龍藏博士的貴州人類學研究》，貴州民族出版社，2000 年。

23. 黃延復：《水木清華：二三十年代清華校園文化》，廣西師範大學出版社，2001 年。

24. 季羨林主編：《東西方文化議論集》，經濟日報出版社，1997 年。

25. 翦伯贊、鄭天挺主編：《中國通史參考資料‧近代部分》，修訂本，下冊，中華書局，1985 年。

26. 黎東方：《細說民國創立》，上海人民出版社，1997 年。

27. 李孝悌：《清末的下層社會啟蒙運動：1901～1911》，河北教育出版社，2001 年。

28. 李亦園：《田野圖像——我的人類學研究生涯》，山東畫報出版社，1999 年。

29. 李玉、嚴紹璗主編：《傳統文化與中日兩國社會經濟發展》，北京大學出版社，2000 年。

30. 梁聚五：《苗夷民族發展史（草稿)》，貴州省民族研究所，1982 年 7 月重印本。

31. 梁啟超：《飲冰室文集》，臺北，中華書局，1950 年；《清代學術概論》，上海古籍出版社，1998 年。

32. 林耀華：《涼山彝家的巨變》，商務印書館，1995 年。

33. 凌純聲、芮逸夫：《湘西民族調查報告》，國立中央研究院歷史語言研究所，單刊甲種之十八，商務引書館 1947 年 7 月版，1993 年 3 月重印。

34. 劉復：《劉半農詩選》，人民文學出版社，1958 年。

35. 劉兆吉：《西南采風錄》，1942 年 12 月初版，商務印書館，2000 年 8 月影印。

36. 魯迅：《魯迅全集》，人民文學出版社，1981 年；《魯迅雜文集》，上海人民出版社，1972 年。

37. 羅香林：《粵東之風》，上海北新書局，1928 年，上海書店《民國叢書》影印本，第四編（60），1983 年。

38. 羅志田：《亂世潛流：民族主義與民國政治》，上海古籍出版社，1999 年。

39. 孟昭華等：《中國民政史》，黑龍江人民出版社，1986 年。

40. 浦江清：《清華園日記‧西行日記》，三聯書店，1987 年。

41. 桑兵：《清末新知識界的社團與活動》，三聯書店，北京，1995 年。

42. 上海社會科學院東亞文化研究中心編：《東亞文化論譚》，上海文藝出版社，1998 年。石奕龍：《應用人類學》，廈門大學出版社，1996 年。

43. 四川省邊區施教團：《雷馬屏峨紀略》，四川省政府教育廳印，1941 年。

44. 孫中山：《民權與國族：孫中山文選》，曹錦清編選，上海遠東出版社，1994 年。

45. 譚嗣同：《譚嗣同全集》，三聯書店，1954 年。

46. 湯志均編：《康有爲政論集》，中華書局，1981 年。

47. 汪毓和：《中國近現代音樂家評傳》，文化藝術出版社，1992 年。

48. 王德威：《想像中國的方法》，三聯書店，北京，1998 年。

49. 王光祈：《東西樂制之研究》，中華書局・上海書店 1989 年重印版。

50. 王建民：《中國民族學史》（上），雲南教育出版社，1997 年。

51. 王強等編：《中國現代民間文藝學家》，第一分冊，中央民族學院出版社，1988 年。

52. 王文寶：《中國民俗學史》，巴蜀書社，1995 年。

53. 王向遠：《二十世紀中國的日本翻譯文學史》，北京師範大學出版社，2001 年。

54. 王瑤主編：《中國文學研究現代化進程》，北京大學出版社，1996 年。

55. 吳超：《中國民歌》，浙江教育出版社，1995 年第 2 版。

56. 吳澤霖、陳國鈞編：《爐山黑苗的生活》，貴陽大夏大學社會研究部出版，貴陽文通書局印，1930 年。

57. 吳澤霖等編：《貴州苗夷社會研究》，文通書局（貴陽），1942 年。

58. 徐正光、黃應貴主編：《人類學在臺灣的發展——回顧與展望》，臺北，中央研究院民族學研究所，1999 年。

59. 薛良編：《民族民間音樂指南》，中國文聯出版公司，1994 年。

60. 楊堃：《楊堃社會學民俗學論文集》，四川人民出版社，1997 年。

61. 楊森：《促進邊胞文化運動之意義》，貴陽，西南印刷所，1946 年；《貴州邊胞風習寫眞》，貴州省政府邊胞文化研究會印行，1947 年。

62. 楊哲編：《鍾敬文生平、思想及著作》，河北教育出版社，1991 年。

63. 葉舒憲：《文學人類學探索》，廣西師範大學出版社，1998 年。

64. 葉維廉：《比較詩學》，臺灣東大圖書有限公司，1983 年。

65. 余虹：《中國文論與西方詩學》，三聯書店，1999 年。

66. 余英時：《士與中國文化》，上海人民出版社，1987 年。

67. 張靜蔚編選：《中國近代音樂史料彙編》，人民音樂出版社，1998 年。

68. 張亮採：《中國風俗史》，商務印書館，1912 年。

69. 張朋園:《梁啟超與清季革命》,臺灣,中央研究院近代史研究所專刊〔11〕,二版,1999 年 6 月。

70. 章開沅等主編:《比較中的審視:中國早期現代化研究》,浙江人民出版社,1993 年。

71. 趙世瑜:《眼光向下的革命》,北京師範大學出版社,1999 年。

72. 鄭振鐸:《中國俗文學史》,東方出版社,1996 年。

73. 中國史學會主編:《辛亥革命》第一冊,上海人民出版社,1981 年。

74. 鍾敬文:《歌謠論集》,北新書店,1928 年,收入上海書店《民國叢書》(四),1989 年影印本;《民俗文化學梗概與興起》,中華書局,1996 年。

75. 周作人:《周作人民俗學論集》,上海文藝出版社,1999 年。

76. 朱介凡:《中國歌謠論》,臺北,中華書局,1983 年第 2 版。

77. 朱自清:《中國歌謠》,作家出版社,1957 年。

78. 朱自清《經典常談》,上海古籍出版社,1999 年。

翻譯文獻

1. 〔德〕海法特(H. Herrfahrdt):《孫中山傳》,王家鴻譯,中山學術文化基金會編譯,臺灣商務印書館,1978 年 2 版。

2. 〔美〕厄爾‧邁納(Earl Miner):《比較詩學》,王宇根等譯,中央編譯出版社,1998 年。

3. 〔美〕費正清主編:《劍橋中華民國史》,1983 年,中譯本,章建剛等譯,上海人民出版社,1991 年。

4. 〔美〕顧定國:《中國人類學逸史——從馬林諾斯基到莫斯科到毛澤東》,胡鴻保、周燕譯,社會科學文獻出版社,2000 年。

5. 〔美〕洪長泰:《到民間去:1918～1937 年的中國知識分子與民間文學運動》,董曉萍譯,上海文藝出版社,1993 年。

6. 〔美〕馬爾庫斯、費徹爾:《作為文化批評的人類學,一個人文學科的實驗時代》,王銘銘、藍達居譯,三聯書店,1998 年。

7. 〔美〕明恩溥:《中國鄉村生活》,午晴等譯,時事出版社,1998 年。

8. 〔美〕費正清主編:《劍橋中華民國史》,1983 年,章建剛等譯,上海人民出版社,1991 年。

9. 〔美〕王國斌:《轉變的中國——歷史變遷與歐洲經驗的局限》,1997 年,江蘇人民出版社,1998 年。

10. 〔美〕詹明信:《晚期資本主義的文化邏輯》,張旭東編,三聯書店,北京,1997 年。

11. 〔日〕梅卓忠夫:《何謂日本》,楊芳鈴譯,百花文藝出版社,2001年。

12. 〔日〕田邊尚雄:《中國音樂史》,陳清泉譯,商務印書館1988年重印。

13. 〔意〕韋大列:《北京歌謠‧序》,常惠譯,收入鍾敬文主編《歌謠論集》,1927年,收入上海書店《民國叢書》(四),1989年影印本。

14. 〔英〕克拉克:《在中國西南的部落裏》,1911年,蘇大龍、姜永興譯,貴州民族研究所編印,1985年。

15. 〔英〕沃爾特‧柏格理:《柏格理在中國》,1928年,蘇大龍譯,貴州民族研究所編印,1989年。

16. 〔英〕克斯汀‧海斯翠普(Kirsten Hastrup)編:《他者的歷史:社會人類學與歷史製作》,賈士蘅譯,臺北,麥田出版,1998年。

17. Basler, Roy, 1953.The Collected Works of Abraham Lincoln, Vol. VII, New Brunswick, N.J., Rutgers University Press, p.20.

18. Charles Bernheimer(ed.),1995, *Comparative Literature in the Age of Multicuturalism*, The Johns Hopkins Univercity Press.

19. Johnson, David(ed.), Actions Speak Louder than Words: The Cultural Significances of Chinese Ritual Opera, in *Ritual opera, Operatic Ritual: "Mu-lien Rescues His Mother" in Chinese Popular Culture*, Berkeley: CPCP,1989.

20. Richard Von Glahn, The Enchantment of Wealth: The God Wutong in the Social History of Jiangnan, *Harvard Journal of Asiatic Studies* 51.2(1991), pp651-714.

21. Robert Redfield, *Peasant Society and Culture: An Anthropology Approach to Civilization*. University of Chicago Press. 1956.

報 刊

1. 《北京大學日刊》

2. 《歌謠周刊》

3. 《民俗周刊》

4. 《北京大學國學門周刊》。

5. 《中山大學語言歷史學研究所周刊》

6. 《新民叢報》

後　記

　　無論是否已經成型和滿意，在寫完本書最後一章時，首先想到的是感謝。
感謝所有幫助過我的師長與友人。

　　很長時間以來，我對民歌事象懷有濃厚興趣，斷斷續續在西南的雲、貴、
川和廣西等省區做過或深或淺的田野考察，鄉間村民那爽朗質樸的歌唱深深
打動著我。後來研習比較文學與文化人類學，覺得可以用多元互證的方法領
會這些由古而今的口傳文化。但隨著對有關論著的參閱和研討活動的參與，
漸漸發現學術界對民歌的論述其實更像是為塑自我的借題發揮。這種各式各
樣的論述、發揮廣泛影響了不同的讀者。因此本身就值得加以考察和研究。
當然對我來說，這樣的研究同時又是必要的借鑒和學習。

　　感謝樂黛雲教授多年來在比較文學方面的關心和指引。感謝李亦園先
生、王秋桂先生在人類學研究上的支持幫助。感謝張朋園先生、王明珂先生
從歷史學角度給予的教誨與啟示。感謝曹順慶教授亦師亦友的支持與提攜。
感謝同輩友人彭兆榮、葉舒憲、龔鵬程以及納日碧力戈等潛心學問的智慧與
激情也長期推動著我，如果不嫌貶損的話，我願繼續與之同伍，敦促共進。

　　多年來，與四川大學文學院比較文學專業眾高手的論辯切磋，令我獲益
非淺；而自 1997 年以來開講相關課程和進行田野考察的過程中，諸同學表現
出來的機敏熱情也給我激發良多，在此一併致謝。

　　還要感謝其他未曾謀面但已以其富有創建的論著對筆者給予幫助的同人
先進。

　　最後要感謝的是李怡教授，因為他的熱心推薦，本書才得以加盟相關的
民國研究系列而在臺灣修訂出版。

感謝之後是遺憾。遺憾時間匆忙、資料不足、學識有限，致使文稿難以讓人滿意。不當之處，恭請方家斧正。而未盡之言，只好留待另文再敘了。

作者謹識於四川大學中文系